U0029668

THE MASTER KEY SYSTEM

萬能金鑰

矽谷祕傳禁書

有錢人絕不外傳、
激勵比爾·蓋茲逐夢致富的天啓之書，
「吸引力法則之父」教你24週心想事成！

Charles F. Haanel
查爾斯·哈尼爾／著

周玉文／譯

野人

野人家 190

萬能金鑰

矽谷密傳禁書，有錢人絕不外傳、激勵比爾．蓋茲逐夢致富的天啟之書，「吸引力法則之父」教你24週心想事成！

作　　者　查爾斯．哈尼爾（Charles F.Haanel）
譯　　者　周玉文

野人文化股份有限公司
社　　長　張瑩瑩
總 編 輯　蔡麗真
責任編輯　鄭淑慧
專業校對　魏秋綢
行銷企劃　林麗紅
封面設計　周家瑤
內頁排版　洪素貞

出　　版　野人文化股份有限公司
發　　行　遠足文化事業股份有限公司(讀書共和國出版集團)
地址：231新北市新店區民權路108-2號9樓
電話：（02）2218-1417　傳真：（02）8667-1065
電子信箱：service@bookrep.com.tw
網址：www.bookrep.com.tw
郵撥帳號：19504465遠足文化事業股份有限公司
客服專線：0800-221-029
法律顧問　華洋法律事務所　蘇文生律師
印　　製　成陽印刷股份有限公司
初版首刷　2019年10月
初版15刷　2023年08月

國家圖書館出版品預行編目資料

萬能金鑰：矽谷密傳禁書，有錢人絕不外傳、激勵比爾．蓋茲逐夢致富的天啟之書，「吸引力法則之父」教你 24 週心想事成！/ 查爾斯・哈尼爾（Charles F. Haanel）著；周玉文譯 . -- 初版 . -- 新北市：野人文化出版：遠足文化發行, 2019.10
320 面；14.8*21 公分 . --（野人家；190）
譯自：The Master Key System
ISBN 978-986-384-383-2（平裝）

1. 成功法 2. 思考

177.2　　108015704

野人文化
官方網頁

野人文化
讀者回函

萬能金鑰

線上讀者回函專用 QR CODE，你的寶貴意見，將是我們進步的最大動力。

【編者序】

人類史上最具影響力的潛能開發經典

一本勵志書，為何在美國被禁長達七十年？因為，它道破了創富要訣！
一本成功書，為何能讓比爾．蓋茲棄學築夢？因為，它解開了潛能密碼！
一本財富書，為何讓拿破崙．希爾心儀不已？因為，它創造一個思想體系！

它就是《萬能金鑰》，一本被禁數十年的勵志奇書，一個被隱藏千百年的成功祕密。

《萬能金鑰》曾經是一本禁書，卻在矽谷菁英中私下傳抄，是有錢人絕不欲外傳的成功祕訣。本書內容包羅萬象，涉及創造力與行動、和諧與健康、愛與幸福……等諸多主題，構建一套在二十四週內即可循序漸進完整修習「吸引力法則」的致富圓夢體系，並立基科學理論，提供善用心靈力量的方法與實踐練習，你將學會如何開發無限潛能，財富、健康、成功盡握手中。

掌握了「萬能金鑰」開啟精神力量的訣竅，你將——

・輕而易舉地擺脫前途中的阻礙和羈絆，順利登上成功的彼岸；
・學會運用精神力量，成為一個精力充沛、魅力四射的人；
・開發洞察力，改善自我的性情，成為擁有遠見卓識的人；
・散發無敵吸引力，周圍人事物都會心甘情願地成為你的合作夥伴；
・成為「幸運」的代言人，可以輕易地將自己的理想變成現實。

本書作者「吸引力法則之父」查爾斯・哈尼爾（Charles F. Haanel）為美國知名作家、企業家。一八六六年生於美國密西根州的安雅堡市（Ann Arbor）。年輕時在聖路易（St. Louis）工作，後來為了建立事業，辭職自立門戶。他從一個小小的雜工做起，十五年後創辦了自己的公司。哈尼爾善於抓住機遇，運用獨特的精神力量和商業技巧使自己的公司成長為他所屬的年代最大的企業集團之一。

一九一二年，四十六歲的哈尼爾將多年奮鬥經驗進行了詳細的總結和概括，完成了《萬能金鑰》（The Master Key System）。最初的形式是一套二十四週的函授課程教材，一九一六年才集結成一本勵志經典書籍，深受讀者的關注。在本書中，作者認為個人的精神力量具有巨大的潛能，一旦掌握這些潛能，便可以獲得巨大的成功。這種觀點對於成功學的影響深遠，影響了西方國家無數的成功人士，連「成功學之父」拿破崙・希爾（Napoleon Hill）也直言自己深受其影響，甚至為本書作序。

如此奇書在一九三〇年代卻神秘地消失了。有一說是因它揭示了心靈的祕密，被教會查禁；另一說是書中公開的致富祕密，引起政客和商人忌憚，向出版商施壓使其銷聲匿跡。

儘管如此，七十多年來，矽谷起家的百萬富翁到億萬富翁，幾乎每個人都讀過這本《萬能金鑰》。由於此書曾被列為禁書，一度在矽谷掀起了一股祕密複寫該書的熱潮。《萬能金鑰》成為矽谷成功人士私底下傳閱、有錢人絕不外傳的成功致富寶典。據傳哈佛大學時期的比爾・蓋茲正是因為讀了本書，毅然決定休學從商追逐理想，而他所獲得的偉大成就，改變了一整個世紀人類的生活。

多年後，《萬能金鑰》終於再度出現在世人面前。現在，我們有機會得以一窺心靈的無限潛力，以及正確引導和妥當利用這萬能力量的方法。只要能夠掌握本書的精華，你將學會如何善用精神力量，以創造性眼光預見更美好的未來願景。

書中的法則經歷一百多年的時間考驗，仍歷久而彌新。為了讓讀者更快掌握「心想事成」的訣竅，除作者查爾斯·哈尼爾於每週課程開頭給學員的說明信函，以及課程最後附的「心靈力量啟動練習」、「隨堂小複習」之外，編輯部特地針對課程內容整理出三十三條「宇宙法則」，以及各章課程重點摘要，協助你每週離宇宙真理更近一步，以最快速度及最高效率，吸收「吸引力法則之父」的課程內容。

此外，為協助亟欲盡快習得本書成功祕訣的讀者，我們設計了「YES,I Can! 心想事成實踐手冊」。手冊以書中二十四個「心靈力量啟動練習」為主，輔以實用表格，以筆記頁形式呈現，幫助你記錄實踐的歷程與取得的成果。精選中英對照金句激勵你克服惰性，最後的「自我分析問卷」幫助你更誠實地面對自我，帶給你智慧察覺周遭的「干擾」，勇敢向這些干擾說：「不！」

本書能幫助你習得超級幸運兒的思維模式，了悟你才是這宇宙真正的創造者，從此改變人生。一週一個「心靈力量啟動練習」，每週，你都朝宇宙真理更近一步……最終你會發現，它能讓你與宇宙的偉大心智連結，擷取其源源不絕的力量，建立和諧完滿的美妙人生，二十四週後心想事成，晉升超級幸運兒！你的一切付出，都將值回票價。

野人文化編輯部

【前言】

成功致富的思考法則，全濃縮於《萬能金鑰》

有些人幾乎絲毫不費吹灰之力就能集成功、權力、財富和成就於一身，其他人卻得費盡千辛萬苦才能辦到，更別提還有一些人終其一身根本無法實現抱負、願望與理想。何以如此？為何有些人輕而易舉就能功成名就、有些人卻得克服重重困難，其他人則是終身一事無成？

箇中原因絕非生理構造差異所致，否則體魄完美無瑕的人就該是最成功的代表。不同之處應該是心理素質強弱有別，肯定是出於心態。由此可見，**心智是創造力之源、是所有人獨一無二的個人特色。可以說，正是心智讓我們克服環境和人生道路上的每一個障礙。**

當我們徹底理解「思想」的創造力，必將為它的成效讚嘆不已；但是若未能妥當適切、勤勉並專注地活用它，便無法獲得前述成果。你將會發現，掌管心智與精神世界的法則與物質世界一樣牢固、可靠。因此，我們若想獲取夢寐以求的結果，明瞭箇中法則並循序漸進實踐確實有其必要，因為當你謹守法則始終如一，就能準確地獲得你所想要的成果。

一旦徹底領悟力量源於自身，就會知道自己的腦波太弱只是因為一向以來都習慣依賴外界幫助，從此你會毫不猶豫地轉而堅守自身的思想、立即矯正錯誤、抬頭挺胸、轉守為攻，終而創造奇蹟。

這套最新穎、最出色的科學已然締造龐大進展，好比那些熟知電力法則的人將因此獲得科學帶給人類的諸多好處；顯而易見的是，未能充分調查並善用的人終將因為排拒新知，很快就被拋在後面。

當然，心智創造負面條件就和創造正面條件一樣容易，因此，當我們有意識或無意識地在心中想著各種匱乏、限制與不和諧時，就等於是自己一手無中生有這些負面條件。這就是許多人在渾然不覺的情況下一直在犯的錯誤。

能否富足，端看我們是否認知到「心智是萬事萬物的創造者」

這項法則正如其他所有法則一樣不問貧富貴賤、一視同仁，他在冥冥中運作不息，而且確保每個人種瓜得瓜、種豆得豆；換句話說：你種什麼因、就得什麼果。

因此，能否富足，端看我們是否可以正確地認知富足法則，也取決於我們是否明瞭，心智不僅僅是創造者而已，更是所有人的「唯一」創造者。

當然，我們得先確知平地起高樓的可能性，然後才能付出應有的努力，否則我們根本創造不出任何事物。

當今全世界產出的電量並不比五十年前來得多，但因為有人找到了活用電力的法則，我們才得以享受電力帶來的好處。如今，所有人都充分理解這條法則，整個世界因此大放光明。

富足法則亦然；唯有那些體認這條法則，而且能與它和諧相處的人才能享受箇中好處。如今，科學精神主宰了各個領域，因果關係也不再遭到忽視。

法則的發現，開啟了人類進步史上的新紀元，消除了人類生活中不確定、變化無常的元素，並以法則、理性和準確性取而代之。現在，我們都明白事出必有因的道理，因此，倘若我們渴望某種特定結果，那就應該尋找並順著足以獲得該項結果的道路前進。所有法則奠基的立足點都應經由歸納推理而得，其中涵蓋各式各樣實例的相互比較，直到可以總結出所有實例的共同點。

正是這套研究方法造就文明國家大半盛世榮景、彌足珍貴的人類知識；延長人類生命、緩解苦痛、跋山涉水、照亮黑夜、拓展視野、加速行動、消除距離、促進往來，並讓人類得以上山下海、飛天遁地。也因此，人類很快就傾力將這套研究系統擴展到思維方式上，這樣一來，當某套特定思維方法能夠產生某種特定結果時，我們剩下來要做的就只是將這些結果分門別類而已。

這套方法具有科學根據，唯有透過這種方法，我們才能保有現在習以為常的自由。

這是因為，唯有國家重視健全的成長餘額，各領域的公家機關與民營企業累積效率，科學、藝術雙雙長足進步，國家發展中心致力推動各方面進步，不斷提升個人與群體的生活運作，國家與全球人民才能安心過日子。而科學、藝術和道德正為上述的情形提供了指引與控制力。

《萬能金鑰》有助培養你的理解力、洞察力、創造力、真正的心靈力量

《萬能金鑰》立基於純然的科學真理，揭開所有埋藏於個人心中的可能性，並教育他們如何採取強而有力的行動，以便提升個人效能、為自己新增能量、洞察力、活力和精神彈性。當這套精神法則完全攤在陽光下，能夠參透箇中真理的人將可獲得前所未有的能力，足以產出他想要的結果，所得到的回報實非筆墨足以形容。

它闡釋了正確活用心理本質中「接受」和「付出」的要素，指引人們明辨機會，強化意志力與推理能力，而且教育他們想像力、欲望、情感和直覺力的培養與最佳實踐之道；它站在制高點，讓人們積極主動、對目標堅持到底、在抉擇時充滿睿智、明智地同理他人，並得以全方位地享受人生。

《萬能金鑰》教授我們發揮真正的心靈力量，而不是任何替代物或被曲解後的產

物；它與催眠術、魔法或任何讓人誤以為可以不勞而獲的花稍欺騙伎倆無關。

《萬能金鑰》培育並發展理解力，足以讓你掌控身體，進而掌控健康；它能改善並強化記憶力；它能孕育洞察力，這種能力極為罕見，卻是每一個成功商人身上清晰可見的顯著特色，能讓他們清楚看見各種情境中的可能商機與困難，也能讓他們一眼就看出大好機會，但成千上萬的普通人多半是勤奮埋首各種不可能帶來任何實質回報的事物，反而對許多近在眼前的機會視而不見。

《萬能金鑰》發展心智力量，這種力量讓其他人直覺地認定你是力量強健、性格堅毅的人，他們會依照你的指令行事；讓你具有磁吸人、事、物的力量；讓你成為某些人口中的「幸運兒」，因為你充分理解自然的基本法則，而且身心靈都順勢而為，因此往往起心動念便能水到渠成；讓你與「無限」共振合拍；助你理解吸引力法則、自然成長法則，以及所有社會與商業世界賴以為生的優勢法則。

心智力量就是創造力，賦予你由自己來創造的能力，而不是從別人身上巧取豪奪。大自然絕不容許這等情事發生。大自然會讓原本只長一片葉子的植物長出兩片葉子，心智力量能賦予人們同樣的創新能力。

《萬能金鑰》培養洞察力和聰明睿智，提升你的獨立自主，以及幫助他人的能力與性格。它擊潰不信任、沮喪、恐懼、憂鬱症以及任何形式的缺乏、限制和弱點，其中包括痛苦與疾病；它喚醒沉睡體內的天賦、供給主動權、力量、能量與活力，亦即喚醒我們欣賞藝術、文學和科學之美的能力。

它提供明確的原則取代不確定、模稜兩可的方法，已然改變成千上萬人的生活。這些原則正是每一套講究效率的系統賴以運作的基礎。

前美國鋼鐵公司（United States Steel Corporation）總裁艾伯特．蓋瑞（Elbert Gary）曾經這麼說：「對多數商界企業來說，顧問、講師、效率專家針對成功管理所提供的服務勢不可缺，但就我看來，能否體認並採行正確原則，遠比前述工夫重要。」

《萬能金鑰》傳授正確原則，並提供實際應用這些原則的方法，因此它與坊間所有課程截然不同；它告訴人們，唯有實際應用才能讓各種原則發揮真正價值。許多人儘管終身博覽群書、買了自修課程回家並參加講座，卻從未身體力行所學的原則，並循此取得一丁點的進展。本書提供了許多練習，足以展現前述原則所傳授的價值，並進一步融入日常生活的實際操作。

掌握《萬能金鑰》的法則，就等於坐擁非凡的優勢

全世界的思潮正在改變，這場變革無聲無息地進行著，這是自異教徒信仰沒落之後最重要的變化。

當前，對於所有階層的人而言——包括位階最高、教養最好的菁英到基層勞工階級，眾人一致認為這場變革是世界史上最獨一無的。

近來，科學發現許多重大進步，揭示無窮無盡的資源，進而讓世人得知各種龐大的可能性與不可思議的力量，使得科學家越來越無法斷定某些理論足以成立、不容質疑，也無法否定某些其他理論荒謬不羈、不足為信。這種情況導致一個新文明的誕生；習俗、教條和專制正在消逝；願景、信念與服務則取而代之。傳統束縛正日益從人群中銷聲匿跡，隨著物質主義的殘留物消耗殆盡，思想正在解放，真理也以驚人之勢全面崛起。

這個世界正處於一種新狀態的前夕，個人對源於自身內部的資源生出了一種新意識、新力量和新覺醒。上一個世紀是有史以來物質進步最輝煌的時代，當今這個世紀將會在精神方面取得最大進展。

物理科學已經將物質分解為分子，再將分子分解為原子，爾後又將原子分解為能量，正如英國物理學家約翰・安布羅斯・弗萊明（John Ambrose Fleming）爵士在一場於皇

家學會（Royal Institution）舉行的演說所言，這股能量稱之為「心智」。他說：「除了透過我們稱之為『心智』或『意志』的運作產生的演示之外，我們終究難以理解能量的終極本質。」

且讓我們一窺自然界中最強大的力量。在礦物世界裡，每一種物質都是堅固不變；在動物和蔬菜王國裡，萬事萬物處於持續不斷的變動中、千變萬化，而且總是在創造與重新再造；在大氣層中，我們有熱能、光能和能源；隨著我們從可見到無形、從粗糙到精緻、從低可能到高可能，每個領域都變得更精巧、更聖潔。一旦我們觸及無形的領域，我們就會發現能量正處於最純淨和最易揮發的狀態。

正如自然界最強大的力量是無形的力量，我們發現，人類所具備的最強大力量便是無形的力量、精神的力量，而體現這股精神力量的唯一之道便是完整的思考過程。思考是精神所擁有的唯一活動，思想則是它的唯一產物。

計算加法和減法是一場精神交易；推理是一種精神過程；想法是精神概念；問題是精神的照明燈，而邏輯、論證及哲學則是精神的載具。

每一個想法都會促使生理組織、大腦、神經或是肌肉的某些部分產生作用，然後在組織結構中產生實際的生理變化。因此，我們僅需針對特定主題產生一定數量的想法，就可促使生理組織發生徹底的改變。

這就是反敗為勝的過程。具備勇氣、力量、靈感與和諧的想法取代失敗、絕望、匱乏、局限與不和諧的念頭。隨著這些思想在個人內部生根，生理組織也會跟著日益變化，個人將以全新眼光看待人生，過往事物慢慢消逝無蹤。所有事物都變得嶄新，就連他自己都重獲新生，而且是精神的重生，生命對他而言有了全新的意義。他重新自我改造，因此充滿喜悅、自信、希望與能量。他清楚看見以往總是視而不見的成功機會，也辨識出以前對他而言毫無意義的可能性。充斥在他體內的成功念頭對外輻射惠及周遭人士，使得他們也反過來幫助他向前進、向上爬。他將磁吸一批共同創造成功的新同事，他們也將反過來改變他所處的環境；因此，個人一旦啟動這個簡單的思想練習，不僅可以改變自己，還能改變周遭的環境、境遇與條件。

你將看到，而且你必定會看到，我們正處於嶄新一天的黎明之際，各種可能性如此美好、如此迷人、如此漫無邊際，幾乎讓人眼花繚亂。一百年前，要是有人高舉加特林機槍掃射，就足以殲滅一整支僅配備當代戰爭武器的軍隊。同理可證，今日要是有人將《萬能金鑰》揭示的所有可能性背得滾瓜爛熟，就等於坐擁了不可思議的非凡優勢。

【編者序】人類史上最具影響力的潛能開發課 003
【前言】成功致富的思考法則，全濃縮於《萬能金鑰》 007

第1週
心靈世界才是外在世界的真正主宰 021
▼心想事成絕非癡人說夢，思考致富是真理
▼你所渴望的事物，其實你早已擁有
▼思想是「因」，境遇為「果」，因果關係即宇宙的運行法則
▼起心動念，宇宙的無窮寶藏將為你開啟

第2週
認識永恆的偉大力量：潛意識 033
▼一切生命的運作均源自潛意識的神祕力量
▼顯意識是幫助潛意識免於負面能量侵入的守門員
▼正面引導思維，與無限頻率一致，強大力量就能為你所用

第3週
解密心靈蘊含的能量 045
▼太陽神經叢是「人體的太陽」，是散發能量的中樞
▼思維的品質決定了個人的際遇
▼專注在渴望目標，掌握宇宙心智的無限創造能量

第4週
了解「自我」的本質 057
▼「我」是貨真價實的力量之源
▼你們是神的殿，神的靈住在你們裡頭
▼聚焦內在的精神活動，宇宙將助你一臂之力

第5週
開啟創造性思維 069
▼心智遍布人體，受主導性心態引導
▼吸引力法則思考創造的產物
▼所有財富都是心智力量日積月累的結果

第6週
集中精神，專注目標 081
▼心靈力量的強弱，取決連接的思維機制
▼心智影響力能在身體各部位發揮作用

第7週
描繪心靈藍圖 093
▼萬事萬物必先在思想中成形，隨後才形成實體
▼描繪清晰心靈藍圖，內在無聲工人將為你築夢
▼內在世界才是真實力量煥發的源頭

第8週
思考主宰你的行動 107
▼建設性的想法為你連結無窮智慧
▼想像力是最辛苦的勞動，回報也最高
▼對宇宙法則一無所知，是不安動盪的肇因

第9週
改變自己的工具：肯定語 121
▼「內在世界」能源源不絕地供應你的渴望
▼真理是「宇宙心智」至關重要的原則，它無所不在
▼讓肯定自我的語言融入靈魂深處，直至潛意識

第10週
「種瓜得瓜」的因果法則 135
▼大自然的供給慷慨大方，一切財富都是力量的產物

▼「無限」與「有限」、「宇宙」與「個人」的連結
▼保持思想與無限心智同一頻率

第11週 釋放你的想像力 147
▼思想在哪裡，存在就在那裡
▼相信自身的渴望已然實現
▼從自我沉思出發，具創造力的智慧將因此而生

第12週 專注的神奇效應 161
▼鮮明清晰的理想，是心想事成的前提
▼跳脫對思想力量的曲解，遠離危險的侵害
▼在寂靜的境界中與吸引力法則連結

第13週 改變意識，夢想成真 173
▼熟知思想的創造力，讓人無所不能
▼造物主與我合而為一
▼意識改變，境遇就會隨之不同

第14週 訓練積極思考的能力 185
▼宇宙物質是一切力量、智慧和才智之源
▼我們自身就是宇宙心智的彰顯

第15週 提升洞察力 197
▼語言或文字是彰顯思想的工具
▼文字語言的力量來自思想的力量，思想的力量則來自生命力

▼磨練洞察力，保護思維不受心靈、道德或是生理上的病毒染指

第16週
心靈能量的祕密 209
▼心靈能量的三大步驟：理想化、視覺化、具體化
▼心靈圖像如何塑造你的命運
▼遵循自然法則的和諧秩序
▼想像力是一流僕人、三流主人

第17週
從渴望到實現願望 223
▼開啟自然界奧祕的金鑰：專注加上渴望
▼直覺是高度專注下的產物
▼你的力量取決於自身的心態

第18週
吸引力法則 235
▼個體的生命差異，源於其體現全能智慧的程度
▼宇宙心智藉由吸引力法則在客觀世界中彰顯
▼富足思想只會回應志同道合的意念

第19週
心靈發電廠 247
▼精神世界只有一個運作法
▼一切變化不過是宇宙心智的演變
▼心靈力量發電站的原料

第20週
與宇宙合一 259
▼「天國」自在心中，不假外求
▼平靜是接收智慧的必備要素

▼永恆法則不會允許你「種豆得瓜」
▼「富者益富」的道理
▼一個成功人士運用宇宙心智的真實案例

第21週
善惡源頭的奧祕 271
▼獲取成功的一大祕密：偉大的思想
▼人的天性可以被理想形塑
▼神聖心智即宇宙心智

第22週
改造健康，從改變心態開始 283
▼靈性行動是一種振動頻率
▼心智具有足以控制身體的力量
▼如何依據自身渴望改變健康

第23週
富足意識的覺醒 295
▼助人為善是成功的第一法則

第24週
相信自己，YES, I Can! 307
▼思考真理就是將真理化育成形
▼說服自己相信真理，渴望終將實現
▼真理清楚明瞭、無可辯駁

第1週

心靈世界才是外在世界的真正主宰

我很努力追求財富、成功，為什麼結果總是差強人意？
想獲得外在世界的富足，首先要理解心靈世界運作的奧祕。
普通人
心想事成的幸運兒

來自「吸引力法則之父」的第1封信

在下有幸得以隨函附上《萬能金鑰》的第一週課程。你想要為自己的人生增添更多力量嗎？請建立權力意識；想更健康？請建立健康意識；想更幸福？請建立幸福意識。請領悟這些事情的精髓，直到它們終有一天成為你不可分割的一部分，如此一來，它們就再也不可能從你手中被奪走。在這個世界上，萬事萬物都會流向能夠掌控它們的人手上。

你無需費事爭取這股力量，因為你早已擁有它。但是你應該深入瞭解、活用並掌控它；應該讓它自然而然地融入體內，成為自身的一部分，這樣一來，你就能夠勇往直前，一舉大獲成功。

日子一天天過去，當你一路前行、蓄積動能、靈感噴發、計畫日益清晰、感悟與日俱增，這時你將明白，我們生存的世界絕非單由死氣沉沉的岩石、草木構成，它是活生生的存在！其組成要素便是強而有力的人類心智，充滿活力與美感。

你若想獲得前述的力量，就必須理解箇中內涵。真正領悟到的人會被一道嶄新的光芒、一種全新的力量啟發，每一天都獲得更強大的力量與自信，得以成就願望、實現夢想；人生也就擁有比以往更深刻、清楚的意義。

現在，就讓我們進入第一週的課程。

心想事成絕非癡人說夢，思考致富是真理

「富者恆富」、「貧者恆貧」的道理一直存在於現實生活中的各個層面。心智具有創造性。外在客觀條件、周遭環境與一切人生經歷，都是心態日積月累的結果。**我們的心態取決於我們的思想運作，因此，一切權力、成就與財富也都取決於我們的思考方式。**

我們必須先成為「某種類型的人才」，才能「創造某種成就」；而且我們「創造的成就」受限於我們「本能所及的範圍」；而我們「本能所及的範圍」則取決於我們「思考的內容」。我們無法展現自己根本不具備的力量。想要保有力量的所有權，唯一方法就是清楚地意識到力量的存在；除非我們明白所有力量都是發自內心，否則我們根本無法清楚地意識到力量的存在。

內在世界確實存在，那是個盈滿思想、情感與力量的世界；是充滿光明、生命力與美感的世界；雖然肉眼不可見，力量卻強大無比。內在世界的統治者就是我們的心智。一旦我們探索心靈世界，就能找到每一個問題的解決之策、每一個結果的肇因；當內在世界聽從我們的掌控，一切力量與財富法則也將掌握在我們手中。

外在世界是內在世界的投射，也就是所謂的「境隨心轉」、「相由心生」。內在世界擁有無窮的智慧、力量與供給，正等著被開發與釋放。倘若我們體認到內在世界的各

種潛能，就可以將它們展現於外在世界。當內在世界處於圓滿與完融，外在世界就會映射出和諧的狀態、舒適宜人的環境、美好的事物。它是健康的基礎，也是所有偉大、力量、功績、成就和勝利的必要條件。**內在世界的圓滿完融代表我們擁有控制思想的能力，得以自主決定任何經歷將對我們產生何種影響。**

內在世界的協調帶來樂觀和豐足；內在的豐足則進一步帶來外在的富足。外在世界反映了內在意識的境況。如果我們探求內在世界找到智慧，就能領悟如何明辨潛藏在內在世界的潛能，並因此獲得力量在外在世界發揮這些潛能。一旦我們體認到內在世界蘊藏的智慧，精神層面就能擁有這種智慧；因為我們擁有這筆精神財富，便能進一步實際擁有力量和智慧，讓我們發展到最完整、最協調的境界。

你所渴望的事物，其實你早已擁有

我們的內在世界是一處講求實際的世界。在這裡，擁有這股力量的人會油然而生勇氣、希望、熱情、信心、信賴與信念。他們善用這些上天賜予的非凡才智，因而得以清楚看見願景，也獲得化夢想為現實的實際技能。**生命並非從無到有的過程，而是循序展開的過程。我們從外在世界獲得的東西，其實都是我們的內心世界早已擁有的東西。**一切的所有權都立足於認知的基礎上。所有收穫都是認知累積的成果；所有損失則是缺乏認知的結果。心智的發揮取決於你的內在是否完滿和諧，而雜亂不和諧則代表亂無章法。所有獲得力量的人必然都與自然法則和睦共處。

客觀心智（Objective Mind，又稱「顯意識」）將我們自身與外在世界相連，大腦就是客觀心智的器官，腦脊髓神經系統則讓我們有意識地與全身上下各個部位互相連結。這套神經系統會對光線、熱度、氣味、聲音與滋味等各種感官知覺發生反應。當我們的心智正確思考、當我們的心智領悟真理、當腦脊髓神經系統傳送到全身每一處的意念都是正確指令，所有感官都會發出愉悅、和諧的訊號。

結果是：我們可以讓力量、活力以及一切有建設性的能量挹注體內。然而，這個客觀存在的心智同時也為我們的生活帶來悲傷、疾病、匱乏、限制，以及各種不和諧與衝突。當我們在錯誤思考的情況下，客觀心智也會讓我們與破壞性的力量連結。

我們透過潛意識與內在世界連結：太陽神經叢（Solar Plexus）是潛意識的主要器官；交感神經系統掌控各種主觀感覺，包括快樂、恐懼、愛意、情感、渴望、想像以及所有

宇宙法則01

我們的心態取決於我們的思想運作，
因此，一切權力、成就與財富也都取決於我們的思考方式。

潛意識現象。潛意識為我們與「宇宙心智」（Universal Mine）搭起橋梁，並串聯廣袤宇宙所蘊含的無限正向力量。生命的偉大之祕即源於前述兩大中心的溝通協調，充分理解這兩大中心各別的運作功能，就等於掌握了生命的奧祕。具備這個認知後，我們方能引領客觀與主觀心智（潛意識）展開協作，並由此調和統整有限與無限世界。未來完全在我們的自主掌握中，無須聽命變化無常、不確定的外部力量擺布。

思想是「因」，境遇為「果」，因果關係即宇宙的運行法則

浩瀚宇宙中唯有一個「法則」或「意識」廣布其中，盈滿太空，無論存在於什麼空間，其本質都不會改變，它全能、全知、無所不在，涵蓋了所有思維與事物。它是一切的根本。宇宙中唯有一種意識有能力思考；當它思考時，它的思維就會轉化為客觀的事物。這種意識無所不在，存在於每一個體的內在。每個人都是這無所不能、無所不知、無所不在的意識形諸於外的展現。由於宇宙中僅有一個意識有能力思考，所以你的意識必然與宇宙意識毫無二致。換句話說，所有心智如出一轍。聚攏在你腦細胞中的意識與聚攏在其他人腦細胞中的意識一模一樣。每個人不過是宇宙或宇宙心智個體化之後的結果。宇宙心智是靜態的，是一種潛在的能量；唯有透過人才能得以展現，而人也唯有透

過宇宙方能自我彰顯。兩者實為一體。

人所擁有的「思考」能力能夠影響宇宙心智，使其在有形世界中彰顯。人類的意識只存在於有能力思考的人身上。因此我們可以相信，心智本身是一種靜態能量的微妙形式，由此產生的活動稱之為「思考」（thought），思考就是心智的動態階段。心智是靜態能量，思考則是動態能量——它們可說是一體的兩面。思考是靜態心智轉化為動態心智時產生的振動力量。無所不能、無所不知、無所不在的宇宙心智總合了一切特質，因此這些特質也潛藏於每一個體的內在。所以，當個人思考時，思維就會順著其特質具體化，自然轉化成有形世界客觀的事實或狀態。

由此可知，**每一個思維皆是起因，每一種境遇皆為後果；只要你能掌握自己的思考，就能夠達到你想要的狀態**。這一點絕對至關重要。所有力量皆發自內心，而且百分之百任由個人掌控；這股力量源於正確的知識，也源於你主動地實踐所發現的法則。

一旦你融會貫通這套法則，就能支配你的思考，將其應用在各種情況中。換句話說，你能夠有意識地運用萬事萬物的基本準則，即無所不能的宇宙法則。

宇宙法則02

生命並非從無到有的過程，而是循序展開的過程。我們從外在世界獲得的東西，其實都是我們的內心世界早已擁有的東西。

宇宙心智是存在於每一顆原子的生命法則；每一顆原子不斷地盡力展現無窮的生機；每顆原子都具有智慧，都在探尋自己誕生於世的目的，並設法實現目的。多數人都活在外在世界，僅有極少數人發掘內在世界，而內在世界正是造就外在世界的推手。內在世界深具創造力，你在外在世界所發現的萬事萬物皆由內在世界所創造。一旦你充分理解內在與外在世界之間的關連，這套系統將會引領你進一步體悟你自身內蘊的力量。

內心世界可謂因，外在世界則謂果，你若想改變後果，就得從起因下手。

你馬上就會發現，這是一個幾近全新、截然不同的概念。多數人都是有標治標，試圖用結果來改變結果，卻沒發現這只是將原有的苦惱轉變成另一種型態的苦惱而已。我們若想移除不和諧的狀態，就應該斬草除根，除掉存在於我們內在世界中的成因。

萬物成長都是源自內在世界，舉世皆然。每一株植物、每一隻動物、每一個人類都是這偉大法則活生生的見證，想要從外在世界尋求力量或權力，是最大的錯誤。

起心動念，宇宙的無窮寶藏將為你開啟

內在世界是宇宙所有供給的泉源，外在世界則是水流的出水口。我們能接收到多少力量，取決於對宇宙泉源的認知有多少，因為每個人都是無限能量的出水口。

「認知」是一種心智活動，人的心智活動便是個體與宇宙心智之間交互作用的結果。宇宙心智充滿智慧，充斥在所有空間，賦予所有生命體勃勃活力，這種精神行動的交互作用遵循了因果法則。這套法則並非源於個人，而是源自宇宙心智；它不是客觀的能力，而是主觀的進程；我們可以在諸多無窮變化的境遇及體驗中找到無數的例子來證明因果關係的存在。

我們若想展現生命，就必須先養成心智。若無心智，則萬事不成。萬事萬物的存在都是它的體現，萬物由此創造而成，也由此繼續創造再生。我們活在廣袤不可預測的宇宙，它充滿了具可塑性的心靈物質，這種物質永遠生氣勃勃。它具有高度敏感性，能根據心智的需求自我塑形，而讓此物質塑造成型的模具就是我們的思維。

請謹記，「實際應用」是讓它產生最大價值的方法。如果你能理解這條法則，就能以富足取代貧困、以智慧取代無知、化混亂為和諧，化暴政為自由。就物質與社會的角度而言，無疑沒有比這種改變更美好的恩賜了。

思維是啟動宇宙法則的萬能金鑰。

本週，你又離宇宙真理更近一步……

- 一切權力、成就與財富全都取決於我們的思考方式。
- 內在世界確實存在，雖然肉眼不可見，力量卻強大無比。
- 內在世界的協調帶來樂觀和豐足；內在的豐足則進一步帶來外在的富足。
- 我們透過顯意識與外在世界連結，經由潛意識與內在世界連結。
- 每個人都是無所不能、無所不知、無所不在的宇宙意識形諸於外的展現。
- 人所擁有的「思考」能力能夠影響宇宙心智，使其在有形世界中彰顯。
- 我們能從宇宙心智接收到多少力量，取決於對內在世界的認知有多少。

心靈力量啓動練習 1

現在，讓我們實際起而行動吧！擇定一處可以獨處、不受打擾的空間。落坐時請挺直腰桿，姿態輕鬆，但不要隨便懶散；任由思緒漫遊直達完美靜止境地，讓你的身體維持在完全靜止的狀態15～30分鐘。連續練習三、四天或甚至一整個星期，直到你可以完全掌控自己的身體狀態為止。

許多人會覺得這個過程簡直難如登天，也有人覺得易如反掌，你得先完全掌控自己的身體，才能準備好向前進步，這一點至關重要。下星期你將會收到邁向下一步的指導方針，在這段等待時間，你必須做到熟練以上的練習。

隨堂小複習

Q1 外在世界與內心世界之間的關係為何？

A: 外在世界是內在世界的反射。

Q2 「擁有」的先決條件是什麼？

A: 一切的所有權都立足於認知到「那個東西存在」的基礎上。

Q3 個人如何和外在客觀世界互相連結？

A: 個人透過客觀心智（顯意識）與客觀世界連結，大腦就是客觀心智操縱的器官。

Q4 個人如何和宇宙心智互相連結？

A: 個人經由潛意識與內心世界連結，太陽神經叢就是潛意識的主要器官。

Q5 何謂「宇宙心智」？

A: 宇宙心智就是存在於每一顆原子裡的生命法則。

Q6 個人可以透過何種能力對宇宙產生作用？

A: 個人的思考力可以影響宇宙心智，使其在外在世界顯露。

Q7 由此，我們可以瞭解到這種能力與宇宙之間關係為何？

A: 因果關係，每一個思想就是起因，每一種境遇則為後果。

Q8 如何確保和諧和理想的狀態？

A: 正確的思考便可創造和諧和理想的情境。

Q9 一切的雜亂不和、亂無章法、匱乏與限制都源自什麼起因？

A: 一切的雜亂不和、亂無章法、匱乏與限制都是錯誤思考的後果。

Q10 一切力量的來源為何？

A: 一切力量的來源就是內在世界，每個人都是無限能量的出水口。

第 2 週

認識永恆的偉大力量：潛意識

為何我經常覺得恐懼、焦慮、匱乏？
普通人
一旦潛意識被錯誤的暗示影響，負面思考將宰制你的人生。
心想事成的幸運兒

來自「吸引力法則之父」的第2封信

我們遭遇的困難多半源自想法紊亂、參不透自己真正的興趣何在。當務之急便是找出自然法則，好讓我們可以據此自我調整。清晰的思維及深入的洞察力具有無可估算的價值。包括思維在內的所有進程，全都立足在堅實基礎之上。

我們的感官越敏銳、判斷越敏捷、品味越精緻、道德感越崇高、智識越縝密、志願越宏大，就會對現實生活產生越純粹、強烈的滿足感。而只要鑽研全世界最優秀的思想領域，就能獲得至高的歡愉。

經過重新的闡明，心智所具備的力量、效用與可能性將更加非同尋常，甚至連物質生活的夢想都因此而擁有更長足的進步。

思想即能量。積極主動的思想即積極主動的能量，專注一致的思想即專注一致的能量。這就是力量，那些不想一輩子貧窮或自我否定的人就會懂得運用這股力量。「貧窮是美德」的想法跟自我否定，不過都只是弱者的藉口。

一個人能否接收、彰顯這股力量，端看個人是否能覺察到這股無窮的能量，它蘊藏在個人心中，時時創造、更新個人身、心、靈的狀態，隨時都準備好要透過個人充分發揮，轉化成他所需要的任何形態。個人對真理理解多少，他在外在世界就能獲得多少。本週將為你闡釋一整套完善的做法。

一切生命的運作均源自潛意識的神祕力量

心智運作源於兩大平行的行為模式：顯意識和潛意識。加州大學柏克萊分校（University of California, Berkeley）哲學系教授唐納・戴維森（Donald Davidson）曾說：「想要透過自身的顯意識詮釋所有精神行動的人，就跟點燃一根蠟燭就想照亮全宇宙的人一樣。」

潛意識的邏輯運作方式有其準確性與規則性，絕不可能有任何差錯。我們的心智堪稱精心設計的成果，早已為我們準備好最重要的認知基礎，但我們對它的運作模式卻毫無所悉。靈魂的潛意識就好比懷抱善意的陌生人，默默勞動以滿足我們的所有需求；澆灌成熟的漿果餵養我們。經由對思考過程的終極分析，結果顯示：潛意識就是各種重要精神現象完美演出的劇場。

英國大文豪莎士比亞便是借由潛意識，才能不費吹灰之力參透最偉大的真理，古希臘時代最偉大雕塑家菲狄亞斯（Phidias）也是透過潛意識，才能將大理石和青銅雕刻成偉大的作品；義大利藝術家拉斐爾（Raphael）繪製《聖母像》（Madonnas）、德國音樂家貝多芬創作交響樂，也都是透過潛意識。

我們若想行事從容自在、盡善盡美，完全端視自己能否不再依靠顯意識行動；諸如彈鋼琴、溜冰、打字、熟練的交易行為等種種完美技巧，全都是潛意識運作的成果。當你看到一個人能夠一邊技巧高超地演奏華麗樂章，一邊還能引導活潑生動的對話，就能知道潛意識的功效有多令人歎為觀止。

我們都知道自己有多依賴潛意識，當我們的思想提升得越恢弘、高貴、卓越，就越能明確地體認到，潛意識的源頭遠在我們的認知範圍之外。我們會發現，造物主恩賜我們的機智、直覺、藝術、音樂等各方面的美感，全都蘊含在潛意識裡。

潛意識的價值無比巨大，它激勵我們、警惕我們；為我們記憶的儲藏室裝載各種姓氏名號、事實物件和場景；引導我們的思想、品味，也協助我們完成複雜任務。這些都是顯意識做不到的，這是即使擁有力量也無法達到的成就。

我們可以依照自己的意願恣意漫步行走，只要我們想要就可以抬高手臂，也可以隨心所欲定睛關注、豎耳傾聽任何議題；但另一方面，我們無法停止心臟跳動、阻止血液循環，也不能壓抑身體成長，更做不到阻撓神經、肌肉組織形成、骨骼發育以及其他種種生理機能。

倘若我們比較這兩組行為，前者是人的意念在當下發號行事，後者則是以崇高莊嚴且有規律的步調運作著；後者讓我們肅然起敬，油然而生一探奧祕的念頭。我們馬上就能體認到，後者是攸關生命的重要機能，因此我們可以自然地歸納出這個結論：所有攸關生命的重要身體功能，早在設計之初就已被隔離在我們的外在意志之外，自始至終僅受我們內在那股永恆、可靠的力量管理。

在這兩股力量中，外在、可變的力量稱為「顯意識」，或是「客觀心智」，主要工潛意識是各種重要精神現象完美演出的劇場。

作是處理外在事物；內在力量則稱為「潛意識」，或是「主觀心智」，除了在精神層面發揮作用，也掌控肉體的生命功能，使其得以循序運作。

顯意識是幫助潛意識免於負面能量侵入的守門員

我們必須清楚地理解前述兩股力量在心理層面上的個別功能，以及其特定的基本準則。顯意識透過五種生理感官的察覺與運作，處理外在的事物。它肩負明察秋毫、做出決定的責任，因此具有推論能力，包括歸納、推理、分析與三段式演繹。這股力量或許可以高度開發，因為它是意志與源於意志的所有能量的發源地。

顯意識不僅有能耐影響他人的心靈，同時還可以指揮潛意識。顯意識是潛意識的統治者與保護者，正是這項高難度的功能讓它可以徹底翻轉你的生活境況。人之所以被恐懼、焦慮、匱乏、疾病、不協調等各種「惡」支配，都是因為潛意識被錯誤的暗示影響，進而主宰我們的人生。其實，只要好好訓練顯意識，讓它隨時警醒保護潛意識，就能完全避免前述的不良狀況發生。我們可以將顯意識稱之為廣大潛意識國度的「守門員」。

曾有一名作家如此描述這兩種心智狀態的主要區別：「顯意識是推理的意志，潛意識則是本能的渴望，也是過往的推理意志所產出的結果。」

潛意識憑藉外界提供的先決條件做出合理的推理，只要先決條件無誤，潛意識便能歸納出精準正確的結論；反之，先決條件或暗示若有絲毫謬誤，整體架構便會功虧一簣。潛意識不會參與證明的過程，而是僅僅倚賴顯意識這名「守門員」為它阻隔錯誤印象。

潛意識接收到任何暗示都會視為正確訊息，隨即據此在這片廣大的領地中展開處理程序。顯意識可以提供正確或錯誤的暗示，但要是給了錯誤暗示，最糟糕的代價就是使自己身陷險境。

顯意識應該負起時時刻刻警醒的責任，一旦「守門員」擅離職守，或是你因為各種千奇百怪的狀況導致原本冷靜的判斷失了準頭，頓失防護的潛意識便會門戶洞開，任憑各種暗示長驅直入。當你處在極度驚慌、高度憤怒，或是受到不負責任的烏合之眾慫恿，或是陷入任何激情高漲的時刻，這些情況最是危險。潛意識會因此敞開大門，放任恐懼、憎恨、自私、貪婪、自憐自艾……等外部環境或周遭人士引發的負面情緒蜂擁而人之所以被恐懼、焦慮、匱乏、疾病、不協調等各種「惡」支配，都是因為潛意識被錯誤的暗示影響，進而主宰我們的人生。

入。結果往往是走向極端不健康的下場，導致當事人深陷悲傷不可自拔。因此，保護潛意識免於遭受錯誤印象侵入至關重要。

潛意識透過直覺感知一切。它的處理過程敏捷迅速，不像顯意識那般慢慢地進行推理。事實上，潛意識根本沒有推理能力。**潛意識從不休眠、從不歇息，就和你、我的心跳或血流一樣。只要對它明白陳述必須完成的具體事項，就能使所有力量開始運作去達成你預期的結果。**因此，潛意識就是連結我們與偉大自然力量的能量，其運作的原理值得我們潛心去研究。

正面引導思維，與無限頻率一致，強大力量就能為你所用

這條法則的運作很有意思。假設某個人必須跟一個他原本預期很難溝通的對象見面，如果他懂得運用這條法則，他會驚喜地發現雙方竟然一見如故，事情出現了轉變，

整個會面的過程既完滿又圓融。又假設某個人遭遇了事業經營上的困難，如果他懂得運用這條法則，他就可以協調將時程延後，進一步找出最適當的解決方案，每件事都能恰如其分地安排就緒。事實上，如果一個人能夠學會信任潛意識，就會發現自己可以任意支配無窮資源。

潛意識是我們的原則與渴望的所在之處，也是藝術鑑賞和利他主義這些美好理想的根源。只有經由惡意和故意的破壞，才能逐步改變潛意識中與生俱來的原則。

潛意識沒有能力爭論是非對錯。因此，倘若它已經接受了錯誤暗示，打敗這些錯誤暗示的最好做法，就是灌輸自己強大的相反暗示，三不五時重複提醒，強迫心靈接受，最終就會形成全新、健康的思考方向與生活習慣，正因為潛意識心智是習慣的所在地。當我們一而再、再而三地重複做某件事，就會逐漸成為機械反應，不再發揮判斷力，而是在潛意識建立深層的習慣。要是這項習慣既健康又正確，對我們而言再好不過；但如果它有毒害之虞而且錯得離譜，治本良方便是承認潛意識的無限能量，並暗示潛意識解除束縛。具有創造性的潛意識將立即解除我們所暗示的束縛。

總而言之，就生理層面而言，潛意識的正常功能是維持生命的規律運轉，維繫生命、恢復健康並照料後代，包括保護一切生命、提升整體生存條件的本能。

就精神層面而言，它是記憶的倉庫，像港灣一樣庇護著偉大的思想信使，讓它們辛勤工作，不受時間和空間限制；它是生命中各種創新與建設力量的泉源；它也是習慣的所在地。

就心靈層面而言，它是理想、抱負和想像力的源頭，也是認識我們萬物之源的管道。當我們對這種神奇力量有所認識，就可以領悟到力量之源。

有些人可能會問：「潛意識究竟如何改變環境？」答案是：潛意識是宇宙心智的一部分，「部分」必定與「整體」擁有共通之處，只有程度的差異。正如我們所知，整體宇宙心智具有創造力，事實上，它是唯一造物主；結果我們也發現，思想是心智唯一的活動途徑，所以思想必定具備創造力。

但是，我們也發現，簡單地「想」和「有意識、系統化並正面積極地引導思維」兩者截然不同。當我們做到後者，便是將個人心智與宇宙心智協調一致、便是與無限同調、便是得以運用最強大的現有力量，即宇宙心智的創造力。和其他事物一樣，它也受到自然法則掌控，亦即「吸引力法則」，意指：心靈具有創造的能力，會自動地與目標連結，並引領它成真。

向潛意識下達正確暗示，你將無所不能。

本週，你又離宇宙真理更近一步……

- 偉大的藝術家和創作者都是透過潛意識，才能不費吹灰之力參透最偉大的真理。
- 人之所以被恐懼、焦慮、匱乏、疾病、不協調等各種「惡」支配，都是因為潛意識被錯誤的暗示影響，進而主宰我們的人生。
- 倘若潛意識已經接受了錯誤暗示，打敗這些錯誤暗示的最好做法，就是灌輸自己強大的相反暗示，三不五時重複提醒，最終就會形成全新、健康的思考方向與生活習慣。
- 心靈具有創造的能力，會自動地與目標連結，並引領它成真。

心靈力量啓動練習 2

上星期我們進行了掌控身體的練習，假若你已經可以自如地掌控身體，就可以邁入下一個階段。這一回你要開始掌控自己的思想。可能的話，請務必在同一個空間練習，最好是同一張椅子、同一個位置。若有時實在無法選擇同一個空間，那就視情況而定，善用既有的條件即可。現在，請像前一次那樣進入完美的靜止狀態，務必清空所有思緒，這樣才有助你控制並排除一切擔憂、恐懼和焦慮的念頭，還能讓你懷抱那些自己真正渴望的想法。請持續練習，直到完全精熟掌握技巧為止。

剛開始這個練習可能無法持續很久，但這個練習極其有價值，因為它確實能夠證明，究竟有多少念頭總是動不動就想要闖進你的精神世界。

在下週的課程中，你會收到一套更有趣的訓練，在此之前，請務必先掌握本週課程的訓練。

隨堂小複習

Q1 精神活動的兩大模式為何？

A: 顯意識與潛意識。

Q2 輕鬆和完美取決於何事？

A: 輕鬆和完美完全取決於我們不再倚賴顯意識。

Q3 潛意識有何價值？

A: 潛意識的價值無比巨大，它激勵、警惕我們；也引導我們，是記憶的所在地。

Q4 顯意識有哪些功能？

A: 它具有明察秋毫的能力；它具有推理的力量；它是意志力的所在地，具有影響潛意識的能力。

Q5 如何能清楚解釋顯意識和潛意識之間的區別？

A: 顯意識是一股推理的意志；潛意識心智則是本能的欲望，是過去的推理意志所產出的結果。

Q6 若想在潛意識中留下深刻印象，有何必要方法？

A: 對潛意識明白陳述必須完成的具體事項即可。

Q7 （承上題）結果會如何？

A: 如果欲望與偉大自然力量的行進方向和諧一致，力量就會開始自行運作以達成預期的結果。

Q8 為什麼透過潛意識可以改變現狀？

A: 潛意識是宇宙心智的一部分，「部分」必定與「整體」擁有共通之處，只有程度的差異。整體宇宙心智具有創造力，所以我們的心靈也具備了創造的力量，透過潛意識可以發揮這個創造力，並改變現狀。

Q9 我們如何稱呼這條自然法則？

答：吸引力法則。

Q10 這條法則的內容是？

A: 心靈具有創造的能力，會自動地與目標連結，並引領它成真。

第3週

解密心靈蘊含的能量

我該怎麼做，
才能讓潛意識為我所用呢？
普通人
聚精會神地想著
你想達成的目標，
就能驅動無窮之力。
心想事成
的幸運兒

來自「吸引力法則之父」的第3封信

你已經發現，個人有影響宇宙心智的能力，而這樣的交互作用所產生的結果有一種因果關係。思想就是因，你所遭遇的一切生活經歷就是果。所以，請將你對過去或現今所有境遇的諸多抱怨一筆勾銷吧，因為能否改變這些狀況，並將它們形塑成你所希望的樣子，全都取決於你自己。

請引導自己，致力去開發你的心靈所擁有的龐大精神能量，讓它永遠聽命於你，它將帶來真實、長久的力量。持之以恆地練習，直到你完全領悟：如果你能充分理解自己的力量，並且堅定目標，你就可以實現人生的任何目標。這是因為心智力量隨時蓄勢待發，等著為堅定的意志提供援助，將你的想法和渴望轉化為明確具體的行動、事件和條件。

雖然生命中的各個功能及行動都始於顯意識；習慣終將成自然，支配行動的思維會漸漸滲入潛意識的領域，但仍一如往常般地充滿智慧。讓思維逐漸自動化——即轉化成潛意識——是必要的，如此一來顯意識就可以轉而專注於處理其他事物。然而，一旦新的行動變成習慣，接著自動化，最後又轉為潛意識，顯意識就可以再度從這種細節中解放，進一步繼續投入其他的行動。當你真正領會這個道理，就能找到力量的泉源，它將助你遊刃有餘地處理生活中的一切狀況。

太陽神經叢是「人體的太陽」，是散發能量的中樞

顯意識和潛意識之間不可或缺的交互作用，需要神經系統促發相對應的反應。影響新思想運動甚深的英籍法官湯瑪士・綽華德（Thomas Troward）指出了讓這互動得以完成的美妙方式。他說：「**腦脊髓神經系統是顯意識的器官，交感神經系統則是潛意識發生的器官**。前者是我們透過感覺器官接收意識傳輸的管道，並有效掌控我們全身上下的所有動作，這套系統的中樞在大腦。」

交感神經系統自有一套位於神經節叢的中樞，確切的位置是在胃部後方，名為「**太陽神經叢**」，心智活動能在人無意識下維持身體的重要機能，就是透過太陽神經叢的運作。

上述兩大系統由「迷走神經」相互連結。迷走神經自腦部對外延伸，延伸至胸腔，分支密布在心臟和肺臟，最終穿過橫膈膜，然後脫去表層組織，與交感神經合為一體，由此便構成兩大系統的互相串連，使個體成為一具生理上的「完整個體」。

我們已經知道，每一個想法都經由大腦接收。大腦是顯意識的器官，聽命於我們的推理能力。**當顯意識認定某個思想是正確的，此思想就會被傳送到太陽神經叢——即大腦的主觀心智（潛意識），然後成為我們生命的一部分，接著這個思想會轉化為我們的血肉，並作為事實反映到現實生活**。至此，它再也不受任何推理論辯所動搖。潛意識

無法據理推論提出反駁，只能據此行動，它會接受客觀心智（顯意識）做出的結論，並視為聖旨。

太陽神經叢被比喻成「人體的太陽」，因為人體會不斷產出能量，而它正是發散能量的中樞組織。這裡說的能量是貨真價實的能量，正如太陽是再真切不過的實體。這股能量透過神經系統被運送到身體的各個部位，然後散發出來，成為包覆身體的氣場。

倘若一個人散發出來的力量夠強大，他就會具備所謂的強烈磁吸力，成為大家經常掛在口中的萬人迷。這種人能對周遭人群散播正向能量，只要他一出現，往往就能為苦惱的人帶來莫大安慰，撫慰他們受傷的心靈。

當太陽神經叢處於活躍的狀態，對外四射生命力時，個人渾身上下的能量與活力就會處於蓄勢待發的狀態，等著傳給他接觸到的每個人；他會讓對方全身上下盈滿健康活力，與他接觸的每個人都會覺得既美好又愉悅。

倘若這種散發能量的過程受到干擾，感覺就會轉為厭惡不悅，流淌身體各個部位的生命和能量就此打住。這就是人類生理上、心理上或周遭環境失序的起因。

就生理層面來說，是因為身體再也無法對外傳遞充裕的能量來滋養身體的各個部位；就精神層面來說，是因為顯意識需要倚賴潛意識來提供能量以利思考；就環境層面來說，是因為連結潛意識與宇宙心智的橋梁突然中斷了。

太陽神經叢正是「部分」和「整體」的交匯點，在此，「有限」轉化為「無限」、

「不存在」為轉化為「存在」、「宇宙」轉化為「個人」，「無形」轉化為「有形」；生命由此而生，人可以透過這個能量中心孕育無限的生命。

這個能量中樞堪稱無所不能，因為它是所有生命力和智慧的匯合處。因此，依賴顯意識的力量，它可以完成一切你想要完成的任務，潛意識則可以執行顯意識指示的一切計畫和想法。

思維的品質決定了個人的際遇

如此說來，有意識的思維就是太陽中樞的掌管者，而我們的生命力和能量都來自這個太陽中樞。我們抱持的思維品質、特性、本質，決定了這個中樞輻射出來的思維品質、特性、本質，最終結果便決定了人生的際遇。

因此，顯然地，我們必須做的事就是設法讓內心的光芒照拂各方，我們能夠對外輻射的能量越多，就能以越快的速度把討厭的狀態轉化為令人快樂、受益的泉源。但問題是，如何讓內心的光芒照拂各方？如何產生能量？

開放的思維會擴展太陽神經叢，抗拒的思想則會壓抑它；愉悅的念頭會擴展它，不悅的念頭則會壓抑它。蘊含勇氣、力量、信心和希望的想法會產生相對應的狀態。恐懼是太陽神經叢最主要的敵人，我們必須徹底打倒這個強敵，才能讓太陽的光芒照拂各方。我們非得徹底打垮、殲滅、放逐這個敵人，因為它是遮蔽太陽光芒的烏雲，會給這個世界帶來黑暗。

它是我們內心的惡魔，讓我們恐懼過去、現在與將來；恐懼自己、朋友與敵手；甚至恐懼每一件事、每一個人。當恐懼被徹底驅逐出境，烏雲消散過後，你的光芒自會顯露，你也就能找到力量、能量與生命的源頭。

當你發現自己擁有無限力量，當你經由實際行動展現能力，明確意識到這股強大力量，並憑藉思考力量克服任何險阻障礙時，你將毫無所懼。恐懼將自動消失，而你將享有自己與生俱來的權利。

正是我們對生命的態度決定我們生活中的各種境遇。要是我們無欲無求，就會毫無所獲；當我們渴望得越多，收穫就會越大。當我們不主動伸張自己的權利，世界就會變得苛刻嚴厲；當我們不為自己的思想爭取發揮空間，世界就會變得疾言厲色。正是因為害怕批評，我們的許多夢想都只能束之高閣，不見天日。

但是，懂得太陽神經叢運作的人，將無懼任何負評，因為他忙著施展勇氣、信心和力量。他藉由心態擊倒所有障礙，跨過懷疑和猶豫的深淵——恐懼藏匿之處——成就自我並大獲成功。**一旦我們體認到，自己擁有自動自覺對外界散發健康、力量與和諧的能耐，任何事都不足為懼，因為無限的力量時時與我們同在。**唯有付諸實際應用這門知識，才能獲得這個體認。我們得邊做邊學，好比運動員必須天天練習才能變得更進步。

專注在渴望目標，掌握宇宙心智的無限創造能量

由於接下來的論述至關重要，我將採取不同的方式說明，以免你錯誤理解它的意義。如果你信奉特定宗教，我必須說，你可以讓內心的光芒照拂各方；如果你偏好物理科學，我必須說，你可以喚醒體內的太陽神經叢；又或者如果你比較偏愛嚴格的科學闡釋，我必須說，你可以支配你的潛意識。

我已經明白告訴你，支配潛意識會有怎樣的結果，相信現在你感興趣的是方法。你已經知道，潛意識充滿智慧與創造力，它會對顯意識的意志有所回應。那麼，打造你渴望的效果最自然的方法是什麼？那就是，聚精會神在你渴望的目標上，當你全神貫注時，潛意識的力量就會發揮作用。這並非是唯一方法，卻是最簡單又有效且直接的方

宇宙法則 05

我們對生命的態度決定我們生活中的各種境遇。要是我們無欲無求，就會毫無所獲；當我們渴望得越多，收穫就會越大。

法，能夠讓你獲得最甜美的成果、最令人歎為觀止的成果，以至於許多人還以為奇蹟出現了。每一位成就卓越的發明家、金融家和政治家都採用了這個方法，將諸多微妙不可見的渴望、信心和信念的力量，轉化成客觀世界中實際、有形、具體的事實。

潛意識是宇宙心智的一部分，宇宙本身則是宇宙創造的原則，即使是部分，就型態與本質而言都與整體如出一轍。這意味著，創造性能量沒有限制，也不受任何先例束縛，因此，沒有既定範本需要遵守。

我們已經知道，潛意識會回應我們的顯意識，這意味著個人的顯意識已掌控了宇宙心智的無限創造能量。當你在後續的課程中實際應用這一法則時，請謹記，你不需要花費大把時間描述潛意識應該如何產生你渴望的結果。因為有限能力無法指導無限能力。你只需直白地陳述自己渴望的目標，而非你打算如何實現目標。

你是讓無差異化得以產生的管道，這種差異化是透過個體的召喚而得以實現。你只需要為想達到的成果設定相應的起因，就能根據自己的渴望產出相符合的成果。這份成果得以產生，是因為宇宙只能夠透過個人產生作用；反之，個人也只能借力宇宙實現。兩者原本就是一體。

為你想要達到的成果，設定相應的起因！

本週，你又離宇宙真理更近一步……

- 當顯意識認定某個思想是正確的，此思想就會被傳送至潛意識，並作為事實反映到現實生活。
- 恐懼是太陽神經叢最主要的敵人，我們必須徹底打倒這個強敵。
- 當你發現自己擁有無限力量，經由實際行動展現能力，並憑藉思考力量克服險阻障礙時，你將毫無所懼。
- 聚精會神在你渴望的目標上，潛意識的力量就會發揮作用。
- 你只需要為想達到的成果設定相應的起因，就能根據自己的渴望產出相符合的成果。

心靈力量啓動練習 3

在本週的練習中，我會要求你更進一步，希望你不要只是讓身體靜止不動，盡全力阻隔所有的思緒，同要請你放鬆、完全放下，讓肌肉回到正常的狀態。

這麼做可以除去神經系統的壓力，消弭那些導致肉體疲勞的緊張狀態。身體放鬆是意志的練習，這種練習對你大有裨益，因為它能讓血液在大腦和身體間暢行無阻。

緊張會導致精神緊繃不安與心智反常；會引發憂慮、牽掛、恐懼和焦急。因此，如果希望心靈遊刃有餘地運作，放鬆絕對有其必要。

進行這套練習時，務必盡可能地做到完整與徹底。在心理上放鬆每一塊肌肉和每一條神經，直到自己感受到平靜、平和，能和平地與自己及這個世界相處。

此時，太陽神經叢就會接手運作，最終結果將讓你嘖嘖稱奇。

隨堂小複習

Q1 顯意識的器官是哪一個神經系統？

A: 腦脊髓神經系統。

Q2 潛意識的器官是哪一個神經系統？

A: 交感神經系統。

Q3 身體源源不絕產生的能量是以哪個點作為配送中心？

A: 太陽神經叢。

Q4 這能量分配可能會為了何種原因而中斷？

A: 因為抗拒、批評、不和諧的想法而中斷，而且恐懼的作用力格外強大。

Q5 一旦中斷結果會如何？

A: 引發人類生理上、心理上，乃至整個人類社會的疾病。

Q6 如何控制、引導這股能量？

A: 透過顯意識的思考來控制與引導。

Q7 如何徹底消除恐懼？

A: 充分理解、體認所有力量的真正來源。

Q8 是什麼事物決定我們生活中遭遇到的種種經歷？

A: 我們的主導性心態。

Q9 我們可以如何喚醒太陽神經叢？

A: 聚精會神地想著我們渴望在現實中達到的目標。

Q10 宇宙的創造性法則為何？

A: 宇宙心智。

「無論是思想領域或肉眼所見的物質世界，
起因與後果在這兩處都一樣絕對純粹、始終如一。
心智是技巧純熟的織工，
同時能紡製內在性格和外部環境的衣裳。」

——詹姆士·艾倫（James Allen），
《因果法則》（*The Law of Cause and Effect*）

第 4 週

瞭解「自我」的本質

我很容易受人影響，
意志不太堅定……
普通人
不要容許外人
三言兩語就否決你，
這樣你最終才得以
掌握自我。
心想事成
的幸運兒

來自「吸引力法則之父」的第4封信

隨函附上第四週的課程，本週課程會揭露，為什麼你的想法、做法或感受會充分代表你是一個什麼樣的人。

思想即能量，能量即力量，而世人所熟悉的宗教、科學和哲學都奠基於能量的表現形式而非能量本身，因此全世界都僅見其後果，以至於起因完全遭到漠視或誤會曲解。

為此，我們在談論宗教時不免提到神與鬼、探討科學時會區分正極與負極，深究哲學時則會歸類善與惡。

《萬能金鑰》完全逆轉這個相對程序，它只專注於起因。我收到許多學員的來信，這些信不約而同顯示：當學員開始探索起因後，他們得以獲得健康、和諧、富有以及一切有助於幸福和快樂的條件。

生命是一種展現，而我們的本分就是展現出和諧及正面的自我。悲傷、痛苦、不幸、疾病和窮困都不是生活的必需品，我們要不斷地消滅它們。

消除這些不幸因素的過程在於提升自我並超越種種障礙限制。已經強化並淨化思想的個人無須擔心細菌的侵擾，而深諳富足法則的個人則會立即起身奔向供給的來源。

所以，命運、好運與劫數都將盡在你的掌握中，正如船長指揮船艦，或是火車工程師駕駛火車一般。

「我」是貨真價實的力量之源

你口中的「我」並非指生理的我，這具肉身只是「我」用以實現目標的工具；「我」也不可能意指心智，因為心智就只是「我」用以思考、推論並計劃的另一項工具。「我」指的是掌控、導引身、心、靈的東西；它決定身、心、靈應該做些什麼、又該如何做。當你領悟這個「我」的真實本質，就能享受前所未有的渾身充滿力量的感覺。

你的個性由無數的獨立特質、習慣和個性組成。這些都是你過往思考的產物，而不是真實的「我」。當你說「我覺得」的時候，「我」就是在告訴心智應當作如是想；當你說「我動身」，這個「我」就是在告訴這副軀體應當起而行；**「我」的真實本質屬於精神層面，它才是貨真價實的力量之源**。當人們領悟自己的本質後，這股力量就會與他們同在。

思考是「我」所獲得的最偉大、最神奇的力量，但僅有少數人知道如何進行正向積極的「正確思考」，因此幾乎所有人只能得到平庸的結果。多數人放任自己的思緒停頓在自私利己的目標上，這是幼稚心智無可避免的結果。當人類心智變得成熟才會進一步明白，**失敗的芽孢就潛伏在每一個自私的想法中**。

受過訓練的心智自會明白，每一項交易都必須讓所有涉入的關係人獲得好處。如果有人企圖乘虛而入，利用他人的軟弱、無知或需求牟利，終將為自己招致損害。

這是因為個人是宇宙的一部分。同一個整體的任意兩個部分不能互相抵觸；相反的，個人的福祉也都是建立在認同整體利益的基礎上。

真切體認這套法則的人能在生活中坐擁莫大的優勢，他們不會讓自己油盡燈枯，可以輕易地消除游移不定的想法；他們能輕鬆地發揮高度專注力在任何目標，而且不會浪費時間或金錢在無益的目標上。

如果你無法做到這些，說明你至今都沒有付出必需的努力。現在，是付諸行動的時刻了。一分耕耘就會有一分收穫。你若想增強意志、認識自身力量以實現目標，最鏗鏘有力的說法就是：「**我可以成為我想成為的人。**」

每當你重複「我可以成為我想成為的人」，應該清楚知道話中的「我」是誰、是什麼樣的人，試著徹底理解「我」的真正本質。如果你可以做得到，而你的目標和意圖正面且具建設性，還能與宇宙的創造法則和諧一致，那你就能所向披靡。

倘若你開始運用「我可以成為我想成為的人」這句話，請持之以恆地使用，想到就複誦一次，直到它成為你生活的一部分，成為一種習慣。

你們是神的殿，神的靈住在你們裡頭

除非你能堅持不懈，否則寧可不要開始。因為現代心理學警告我們，**每當我們轟轟烈烈地開始，卻虎頭蛇尾地結束，就等於是養成失敗的習慣——徹頭徹尾、極不光彩的失敗**。要是你無心貫徹始終，那根本就別開始；一旦你認真看待這件事，即使天塌下來也絕不能收手；倘若你下定決心付諸行動，那就幹到底，千萬別讓任何事、任何人插手干預。如果你心裡的「我」已經下定決心，那就要打死不退，毫無商量的餘地。

要是你願意實踐這個想法，不妨就先從自己最有把握的小事做起，再慢慢加強力道；**無論遇到任何情況，絕對不要容許外人三言兩語就否決你的「我」。這樣你才會發現，自己最終得以掌握自我**。對很多人來說，管理一個國家比掌控自我簡單得多了。

一旦你學會掌控自己，就會發現一個駕馭外在世界的「內在世界」；你將立於不敗之地，外界的人、事、物都會如你所願，而你甚至不費吹灰之力。

上述情形並非異想天開或癡人說夢，只要你謹記——「內在世界」完全掌控在

宇宙法則 06

想增強意志、認識自身力量以實現目標，
請反覆告訴自己：「我可以成為我想成為的人。」

「我」手中，而且這個「我」正是無限之「我」的一部分——便能天從人願。所謂的無限之「我」即宇宙心智或能量，我們通常敬稱為上帝。

這些論點並不是為了證明或確立某一觀點而編出的說詞，而是最卓越的宗教與科學思想都已接受的事實。

英國社會學家赫伯特．史賓德（Herbert Spender）曾說：「在我們周遭的所有奇蹟中，最令人信服的一點就是，我們一直置身於無限、永恆的能量中，萬物由此而生。」

美國《展望週刊》（The Outlook）總編輯萊曼．艾伯特（Lyman Abbott）曾在斑戈神學院（Bangor Theological Seminary）的校友會發表演說時提到：「我們所想的上帝，居住在人們的心中，而不是在外部某處操控人類。」

科學在這方面的探索只前進了一小步，隨後就停滯不前；科學發現了永恆能量，但宗教卻找出潛藏在這股能量背後的力量，並發現這力量來自人們的內在。但這個過程絕對不是新發現，《聖經》早已一字不差地告訴我們這件事，其用語直白、令人信服：「豈不知你們是神的殿、神的靈住在你們裡頭嗎？」（譯註：《聖經》哥多林前書3：16）這就是「內在世界」創造力的奧祕。

聚焦內在的精神活動，宇宙將助你一臂之力

這就是力量和權力的奧祕。克服險阻不代表必得赤手空拳；克己忘我也不等於就能取得成功。除非我們「擁有」，不然就無法「給予」，除非我們夠強壯，不然就無法助人。「無限宇宙」從不匱乏，我們身為無限力量的代言人，當然不應該是匱乏的；倘若我們希望終有一天能服務他人，就必須擁有力量，而且多多益善。但若想要擁有，首先我們要付出，對他人有所貢獻。

我們給得越多，也就得到越多。我們必須成為宇宙傳遞活力的管道。宇宙總是不斷地尋求自我釋放、尋求提供服務，它一直在尋找管道，好讓它可以做出最大貢獻，提供人類最充足的服務。

如果你總是忙著自己的計畫或人生目標，宇宙就無法借你之手有所作為。你應該讓感官知覺平靜下來，尋求內心的志向，聚焦內在的精神活動，與無所不能的偉大力量合而為一。「寧靜以致遠」自有其道理，透過萬有能量賦予你的精神管道，密切關注各式

現代心理學警告我們，每當我們轟轟烈烈地開始，卻虎頭蛇尾地結束，就等於是養成失敗的習慣。

各樣的機遇。

請試著在腦中一一描繪事件、場景和條件，精神層面的連結有助於發揮能量，使這些事物形象化。萬事萬物的精華皆在於它的精神，而且這股精神真實不虛，因為它就是生命的全部；一旦精神渙散，生命就跟著流逝；猶如槁木死灰，不復存在。

這些精神活動皆屬內在世界，屬於起因的世界；一切外在環境和境況都由內在世界孕育而生，這些也就是所謂的後果。因此，你才會成為創造者。這是一份重要的工作，當你構想的理念越是高尚、崇敬、宏偉與尊貴，這些工作也就益發重要。

任何形態的過度勞動、縱情玩樂或是操勞身體的活動都會導致精神倦怠，使人停滯不前，無法進行這些更重要的、能使人瞭解顯意識真正力量的工作。因此，我們應當經常尋求「靜」，休息是為了走更長遠的路，在「平靜」中我們方得以「安定」；在「安定」當中，我們就有餘裕思考。思想才是獲得一切成就的祕密。

思想是一種運動形式，如同光跟電一樣，依循「共振法則」運行。它依循愛的法則，得到激情賦予它共振的活力；它依循成長法則自我塑形、自我表達；它是精神之「我」的產物，因此具有神聖、精神與創造性的自然本質。

由此推論，**我們若想展現力量、財富或實現其他具有創造性的目標，必然得先召喚心中與那個想法相互呼應的激情，這樣它才能自我塑形**。但要怎麼做才能實現這個目的？我們又該如何發展引領我們達到成功的信念、勇氣與知覺？這一點至關重要。

答案是：透過練習。**鍛鍊精神力量和鍛鍊身體力量的做法一模一樣，就是勤加練習**。我們思考某件事時，一開始起頭或許困難異常，但當我們再度思考同樣的事情，就會簡單許多；只要我們反覆推敲，最終思考就會變成一種習慣。我們持之以恆地思考同一件事，最終就會成為自然反應，變成自覺性的思考，對思考的內容轉趨積極正面，直到再也沒有絲毫的懷疑。我們非常確定，我們對這個法則了然於胸。

當你給得越多，也就得到越多。

本週，你又離宇宙眞理更近一步……

- 「我」的本質屬於精神層面，是貨真價實的力量之源。當你領悟自己的本質，這股力量就會與你同在。
- 若是無心貫徹始終，那就根本別開始，不然等於是養成失敗的習慣。
- 絕對不要容許外人三言兩語就否決你的「我」，如此你最終才得以掌握自我。
- 再三複誦「我可以成為我想成為的人」這句話，直到成為一種習慣。
- 鍛鍊精神力量和鍛鍊身體力量的做法一模一樣，就是勤加練習。

心靈力量啟動練習 4

上星期我要求你讓身體自然放鬆，這星期則要求你學著放鬆心理。如果上星期你每天都依循指示練習我交辦的課程15～20分鐘，那你勢必掌握了放鬆之道。任何人若無法有意識迅速、完全地放鬆，表示他還無法為自己做主，因此也就得不到自由，仍舊是外在環境的奴僕。但我現在假定你已經十分熟悉這套練習，也已經準備好要邁入下一個階段，也就是前述的心靈自由。

本週，請維持你過去的姿勢，徹底地放鬆自己，卸下所有緊張，釋出心裡所有負面情緒，好比憎恨、憤怒、焦慮、嫉妒、羨慕、悲傷、煩惱、失望等。

你可能會感覺自己似乎做不到徹底「放下」這一切，但只要你有決心、堅持不懈，就一定能夠做到。

有些人之所以無法做到，是因為他們放任自己被情感掌控而非由理智決定；願意受理智引導行事的人才能贏得勝利。你可能無法第一次嘗試就成功，但「熟能生巧」的道理在此也能適用。你必須先徹底排除心中一切消極的負面想法才能成功，因為負面思緒是不良種籽，會在心中持續滋生各種不協調的狀況。

隨堂小複習

Q1 何謂思想？

A: 思想即精神能量。

Q2 思想的運行原理為何？

A: 共振法則。

Q3 它的生命力從何而來？

A: 源於愛的法則。

Q4 它如何塑形？

A: 依循成長法則。

Q5 它的創造力之祕為何？

A: 即精神活動。

Q6 我們如何培養實現成就的信念、勇氣和熱情？

A: 只要認清自身的精神本質即可。

Q7 力量之祕為何？

A: 如果欲望與偉大自然力量的行進方向和諧一致，力量就會開始服務。

Q8 為什麼會這樣？

A: 因為我們得到了我們給予的。

Q9 何謂「靜」？

A: 身體靜止不動。

Q10 它有何價值？

A: 它是自我控制、自我掌控的第一步。

第 5 週

開啟創造性思維

我想要擁有力量，
該怎麼做？
普通人
首先，你要認知到，
力量源自你的內在！
你要先「知道」，
才能「擁有」。
心想事成
的幸運兒

來自「吸引力法則之父」的第5封信

隨函附上第五週的課程。仔細研讀完這一部分後你將會發現：所有力量、物體或事件都是心智活動產生的結果。

心智活動產生思想，思想具有創造力。這個時代的人類正在思考著前人從未曾想過的事。

因此，這是具有創造力的時代，世界會將以最豐厚的獎勵贈與思想者。物質本身沒有力量、被動而且了無生氣，精神則代表了動力、能量與權力。精神塑造並掌控物質，物質的任何形態，都只不過是早已存在的思想的一種展現。

然而，思想運作並非魔法使然，而是遵循自然法則；它推動自然力量的運轉、它釋放自然的能量、它體現在你的所作所為中，從而在你的親朋好友之間產生作用，最終影響你的周遭環境。你有能耐創造思想，而且因為你的想法具有創造性，你還可以為自己創造夢寐以求的一切事物。

心智遍布人體，受主導性心態引導

我們的心智活動中，至少九〇％屬於潛意識範疇，因此，一個人若無法善用精神能量，他的生活將處處受限。倘若我們知道如何引導潛意識，它就能為我們解決任何問題。潛意識的運作永不停歇，唯一的問題是，我們該被動接受這種單向活動就好，還是應該自發自覺地引導它呢？我們應該要能夠預見未來命運、趨吉避凶，還是隨波逐流就好？

我們早已知道，心智遍布人體的各個部位，總是受到客觀事物或主導性心智的引導或影響。遍布全身的心智絕大部分得自遺傳，這種遺傳來自生生不息的生命力量對每一世代人類和環境反應時所產生的結果。當我們理解這個事實後，一旦發現自己身上出現某種令人不快的性格特質時，就會懂得如何行使我們的權力來改變它。

我們可以決定要保留哪些與生俱來討人喜歡的人格特質，同時抑制、拒絕發展那些我們不想要的人格特質。

我再重申一次，遍布生理軀體的心智不僅來自遺傳，更是家庭、事業、社會環境交互作用的結果。因為心靈會在環境中接受成千上萬個意念、想法、偏見，其中許多都是出自他人的意見、建議或論述；也有不少是自身的想法，而我們往往沒有經過檢驗或再三評估就盲目地照單全收。

當我們接收到某個想法，如果這個想法聽起來頗有道理，就會被我們的顯意識接受，然後傳遞給潛意識，繼而又被交感神經系統採納，最後內化在我們的身體中。這就是所謂的「道成肉身」。

吸引力法則帶來思考創造的產物

我們就是透過這樣的方式，持續創造並再造自我。今日的我們是昨日思考的產物，而明日的我們則是今日思考的結晶。**吸引力法則帶給我們的，不是我們應該喜歡或期盼的結果，更非別人所有的事物，而是「我們自己」——也就是我們自己思考後的心血結晶，在有意或無意下創造的產物。**然而不幸的是，大多數人都只是在渾渾噩噩下創造了這些成果。

如果我們要為自己打造房舍，肯定會小心翼翼地縝密規劃、鉅細靡遺地研究每一項細節，謹慎小心地挑揀建材，只為找到萬中選一的物件。但當我們打造心靈家園時，竟是如此漫不經心！要知道，心靈家園的重要性遠遠超過實體房舍，我們生活中所經歷與擁有的萬事萬物，完全取決於我們用來建造心靈家園的建材是否品質優良。

心靈家園的建材有何特色？是指我們日積月累儲存於潛意識心態中的種種心靈印

今日的我們是昨日思考的產物，而明日的我們則是今日思考的結晶。

記。如果這些印記是恐懼、煩惱、憂愁與焦慮的綜合體，如果它們帶有負面、消極、懷疑的本質，那麼我們用來打造心靈家園所用的建材就會帶有同樣的負面質感。這種心靈家園不僅毫無價值，反而會催化我們的生活發霉、鏽蝕，帶給我們更多困擾、煩惱與焦慮。我們最終只能鎮日忙著挖東牆、補西牆，遮遮掩掩只為讓它看起來有模有樣。

然而，如果我們只在潛意識存入勇敢的思想，如果我們常保樂觀、進取，而且只要負面想法一萌芽就立即拋開，並拒絕與它發生任何關連、拒絕任何牽扯或與它同流合污，結果將如何？我們的心靈家園將擁有首屈一指的優良建材，我們可以用它織造任何渴望的材料、可以採用任何喜歡的顏色；我們知道它的質地堅韌、牢固，而且永不褪色；我們望向未來毫無所懼、毫無所憂；沒有什麼事需要遮遮掩掩，也沒有什麼需要修補的缺陷。

這些都是心理學的事實，並非理論或猜測，當中也沒有什麼祕密；事實上，這些道理淺顯得無以復加，每個人一聽就懂。我們必須做的事就是來一場心靈家園大掃除，然後每天都要清掃拂拭，保持整潔乾淨。我們若想要取得任何進步，精神、道德和肉體常保清潔絕對不可或缺。

一旦我們完成心靈家園大掃除，剩下的建材便很適合用來打造我們渴望實現的理想或精神願景。有一處好山好水等我們據為己有，它有廣袤的田野、豐茂的作物、流淌的溪河與上等的木材，放眼望去一望無際。有一幢華屋美廈寬廣又宜人，屋內有稀世珍畫、豐富藏書、精美幔帳，奢華舒適無可比擬。繼承者只要主張他的財產繼承權，就可以佔有並運用這些資產。他必須盡其活用，絕不能任由荒廢，因為實際使用才是他可以持有的唯一條件；擱置一旁則會使他失去擁有權。

所有財富都是心智力量日積月累的結果

在心智、精神、實質力量的領域中，就存在著這一片屬於你的資產。你就是繼承者！你可以主張自己的繼承權、擁有權，並善用這份豐厚的資產。掌控環境的力量就是莊園產出的果實；健康、和諧、繁榮就是資產負債表中的淨資產，供應你安詳與和平，你唯一要付出的代價就只是去研究並收割其中蘊藏的豐富資源。你會失去的就只有過去的種種自我限制、被束縛的奴性，以及軟弱無能。它將為你披上自尊自榮的外袍，並將權杖交到你的手中。

我們若想要取得任何進步，精神、道德和肉體常保清潔絕對不可或缺。

你若想獲得這筆資產，以下三個步驟缺一不可：你必須真誠地渴望它、你必須主張自己的所有權、你必須實際地擁有它。

你應該也同意，上述條件不算苛刻。

你對遺傳學說應該耳熟能詳，英國生物學家查爾斯・達爾文（Charles Darwin）、博物學家湯瑪士・赫胥黎（Thomas Huxley）、德國博物學家恩斯特・海克爾（Ernst Haeckel）等自然科學家已經用大量證據，證明演化過程中遺傳法則高居主導地位。人類擁有的直立行走、行動能力、消化器官、血液循環、神經運作、肌肉力量、骨骼結構以及其他許許多多的身體能力，正是一再進化的遺傳所賦予的。在心靈力量這個層面，也存在著諸多驚人的遺傳現象。這些構成了我們所謂的「人類遺傳」。

然而，有一種遺傳型態自然科學家至今還不曾領略。它超越了所有科學家研究的範疇，讓他們只能高舉雙手投降，坦承自己無法解釋親眼目睹的一切。他們無法掌握這種神聖的遺傳現象。

在創世之初，有一股正面能量昭告創造源起，它源自神聖的創世主，直達每一個被創造的生命。它創造了生命，這是自然科學家不曾也永遠無法企及的成就；它傲然屹立於所有至高力量中，遙不可及。沒有任何人類遺傳能與之比擬。

這股無限生命的力量在你的身體裡流動著，這股力量就是你。你的各種感官意識就是其出入口。你只要敞開大門就能掌握這股力量的奧祕。這難道不值得你花點力氣試試看嗎？

「所有生命和力量都是源於內在世界。」這是一個偉大的事實。環境、人與事件也許可以為你提供需求與機會，但要回應這些需求所需的洞察力、能力與實力卻只存在於你的內在。

你要謹慎明辨真假，並借由那股源自永恆源頭的力量，為你的意識打造堅固的基礎。那永恆力量的源頭就是宇宙心智，而你就是宇宙心智的形象與外觀。

有幸繼承這份財產的人將因此煥然一新，脫胎換骨。他們掌握了至今從未想過的力量。他們不再怯懦、軟弱、猶豫、恐懼，還能進一步與萬能力量緊密連結。他們內心的感知被喚醒，突然發現自己其實早已擁有龐大潛能，但以前的自己竟然渾然不覺。

這股力量由內而生，但我們必得先付出，才能獲得它。擁有繼承權的條件就是「使用」它。**我們每個人都是萬能力量分化之後自我塑形的管道，除非我們付出力量，否則管道就會壅塞不通，我們也別想得到更多。**這個道理在生活的各個層面、人生的各個階段，乃至各行各業全都適用。我們付出得越多，收穫也就越多。運動員若希望身體更強壯，就必須極盡所能地鍛鍊，只要投入越多，技巧就會越純熟；金融家若想財源廣進，就必須善於錢滾錢，唯有透過花錢，才能讓財源滾滾而來。

商家如果無法持續賣出貨品，就不會有源源不絕的進帳；企業如果無法提供高效服務，就不會有顧客願意上門；律師如果無法打贏官司，就不會有客戶花錢聘用。這項道理放諸四海皆準。想要獲得力量，就要正確地運用我們既有的力量。這個在所有奮鬥領域、人生歷程適用的道理，也同樣適用於世間一切其他力量之源——精神的力量。如果把精神力量從人身上抽離，那還會剩下什麼？什麼都不剩。

如此，精神就是一切的源頭，要想展示所有力量的先決條件——無論是生理的、精神的或心靈的力量——就是對這個事實有所認知。

所有財富都是心智力量日積月累的結果，或者可以說是金錢意識運作的結果。這就是所謂點石成金的魔法棒，能讓你接收到好點子，也幫你擬定切實可行的計畫，而且還能讓你在執行計畫的過程中，獲得與達成目標時同等程度的幸福與喜悅。

想要獲得力量，就要正確地運用我們既有的力量。

本週，你又離宇宙真理更近一步……

- 我們的心智活動至少九〇％屬於潛意識範疇，一個人若無法善用精神能量，他的生活將處處受限。
- 心靈塑造並掌控物質，物質的任何形態，都是早已存在的思想的一種展現。
- 如果我們只在潛意識存入勇敢、樂觀、進取的思想，就能為自己打造豐足的內在與外在世界。
- 我們付出得越多，收穫也就越多。這個道理在生活的各個層面、人生的各個階段，乃至各行各業全都適用。

心靈力量啓動練習 5

現在，請進入你的小空間，坐在老位子上，保持和之前一樣的姿勢，然後在心中想像一個會讓你感到喜悅的舒適宜人之處。請描繪一幅完美的畫面，在心中清楚地看見那些建築大樓、大地、茂盛樹林、知己好友、親友熟人等。

一開始你會發現，自己幾乎什麼雞毛蒜皮的小事都想到了，就是看不到自己真正想要聚精會神看到的場景。但千萬別灰心，只要堅持不懈天天練習，你終將能贏得最後的勝利。

隨堂小複習

Q1 在我們的心智活動中，潛意識範疇的比率有多高？

A: 至少九〇%

Q2 大部分的人都已經懂得善用潛意識這個寶庫了嗎？

A: 沒有。

Q3 如果沒有，原因為何？

A: 鮮少有人能夠理解到顯意識可以指揮潛意識。

Q4 顯意識的主導性源自哪裡？

A: 來自遺傳。這意味著它是世世代代的先人打造的所有環境成果。

Q5 「吸引力法則」為我們帶來什麼？

A: 「我們自己」。

Q6 何謂「我們自己」？

A: 我們與生俱來的樣子，也可說是我們過去在有意無意下透過思考累積的結果。

Q7 我們用來打造心靈家園的建材是什麼？

A: 我們的思想。

Q8 獲得力量最大的祕密是什麼？

A: 體認到「萬能力量無所不在」的事實。

Q9 力量源自何處？

A: 所有生命和力量都源自內在世界。

Q10 獲得力量的先決條件是什麼？

A: 我們是否善用已有的力量。

第 6 週

集中精神，專注目標

我想開發心靈力量，但該怎麼做才好呢？
普通人
「專注」是開發心靈力量的關鍵！
心想事成的幸運兒

來自「吸引力法則之父」的第6封信

在下有幸得以隨函附上第六週的課程。本堂課會帶你充分理解，我們出生以來最奇妙的運作機制。它是一套能讓你為自己創造健康、勇氣、成功、財富及一切渴望境界的機制。

有需求就會有要求，要求會創造行動，行動會產生結果。進化的過程就是以今天為基礎不斷地打造明天。個人的發展正如宇宙進化一般，伴隨著日新月異的質量與能力的發展。

如果我們侵害他人的權利就會變成道德害蟲，然後發現自己的人生之路走得磕磕絆絆。由此可知，成功理當伴隨著最崇高的道德理念，也就是「為最多人謀求最大的福利」。

持之以恆、堅定不懈的志向、渴望與諧調的關係將會帶來成果。而荒謬不正、執迷不悟的念頭就是最大的障礙。

我們若想與永恆的真理同行，就必須常保內心的平衡與和諧；接收者若想獲得智慧，就必須與傳遞者同步，頻率一致。

思想是心智的產物，心智深具創造力，雖然宇宙不會為了與我們或我們的思想同步而改變它的運作模式；不過它確實意味著我們可以和宇宙保持和諧良好的關係，一旦我們能做到這一點，便可大方索求自己值得擁有的一切事物，人生之路也會變成一片坦途。

心靈力量的強弱，取決連接的思維機制

宇宙心智如此妙不可言、深不可測，所以使人難以窺見它實際的力量、可能性以及成效。我們已經知道，心智不單單指一切智慧，也涵蓋所有物質。若此，它又是如何分化的呢？我們究竟該如何獲取自身渴求的成果呢？

如果去請教電學專家何謂電能的功效，他會說：「電能是一種運動的型態，它的成效取決於所連接的裝置為何。」這種能量會以光、熱、動力、音樂或其他型態展現出來，完全取決於通上電的是什麼裝置。

思想能夠產生何種成果？正如起風是一種空氣流動，思想也是一種精神的行動，它的成果完全取決於所連接的裝置為何。

這就是所有心靈力量的奧祕所在，完全取決於其連接的思維機制。

這套「機制」究竟是何物？你肯定聽過美國的湯瑪士．愛迪生（Thomas Edison）、加拿大的亞歷山大．葛萊漢．貝爾（Alexander Graham Bell）、義大利的古列爾默．馬可尼（Guglielmo Marconi）以及其他電子相關領域的奇才發明的機械裝置。這些裝置打破了時間、空間與地理限制。但你可曾稍微停下來想想，冥冥中有一位宇宙無所不在的創造者，祂遠比愛迪生偉大，賜予你改造全宇宙的機制？

我們會想知道各種農耕器械的使用原理；我們也會先搞懂汽車的操作規程才敢駕駛

上路。但是，大多數人卻甘於漠視這個有史以來最偉大的生命機制。這個所謂的生命機制就是我們的大腦。

且讓我們花點時間檢視這套機制的精妙之處，或許先從深入理解它為何可以製造出千變萬化的成果開始。

首先，我們生活、行動與存在於一個浩瀚無比的心靈世界，它無所不知、無所不能、無所不在。它隨時回應我們的渴望，其回應的強度會與我們的信念、目標互成正比。我們的目標必須與我們的存在法則和諧同步，也就是說，我們的信念應該具有建設性、創造性，而且應該強大到足以產生一股豐沛的力量，得以實現我們的目標。**「你的信念有多強大，力量就有多強大。」**這句話確實禁得起科學檢驗。

外在世界所產生的結果，便是個人與宇宙之間相互作用——也就是我們稱之為「思考」的過程——所產生的結果，而我們的大腦便是進行思考活動的器官。請想想箇中的精妙之處！你是否熱愛音樂、花藝、文學，你是否曾深受古今天才的思想所啟發呢？請謹記，在你體悟所有的美感之前，其實你的大腦早已形塑一副能夠與之相對應的輪廓。

在自然的寶庫中，沒有任何一種美德或法則是大腦無法呈現的。我們的大腦是一個胚胎構成的世界，隨時準備好在必要時刻發展成形。這就是科學真理，是自然界最嘆為觀止的法則之一，如果你能理解這一點，就比較能參透各種偉大成就都是透過何種機制所創造的。

我們的神經系統可比喻成電力板，產生能量的細胞則扮演蓄電池的角色，白質（White Matter）就像是傳遞電流的絕緣電線，透過這些線路，才能在人體機制中傳遞各種衝動和渴望。

人體的脊椎是個強大的發電機，也可說是感官的管道；用以傳遞大腦發布、接收的資訊；而暢流在血管中的血液則源源不絕地重新煥發我們的能量和氣力。此外還有我們細膩、精緻的肌膚，依附在軀體上，猶如一件美麗的斗篷包覆整個身體，形塑我們整體身心為一套完美架構。

這就是「永生之神的殿堂」，每一名個體的「我」都可以掌管這座殿堂，一切成就都取決於個人能否充分領悟自己掌控的這套機制。

心智影響力能在身體各部位發揮作用

每個思維都會灌注腦細胞一股推動力。一開始，腦細胞裡面的相應物質可能會拒絕做出回應，但如果思維夠精確、夠聚焦，腦細胞裡的物質終究會聽命行事，並完美地呈現。

心智的影響力可以在身體的任何部位發揮作用，也可以消除一切你不想要的結果。你若能通盤理解、領悟掌控內在世界的法則，一定能在工作上產生難以估量的價值，因為它會開發你的洞察力，讓你通情達理、明察事變。

一個人如果懂得關注內在世界而非外在世界，必能學會善用這股全能力量，它是決定生命進程的關鍵，並引領他的生命與世間最美好、堅固、最令人嚮往的美好願景相互共鳴。

在開發心靈力量的過程中，全神貫注、聚精會神是至關重要的環節。一旦我們適切地集中精神意念，其成果將令人嘆為觀止。**培養專注的能力是每一位成功人士必備的特質，也是每一個人所能獲得的至高無上成就。**

如果我們把專注力比喻成放大鏡，就更容易理解了。放大鏡可以聚攏太陽光束，但如果拿著它晃來晃去，不斷改變光束位置，這樣放大鏡就無法集聚任何能量。不過，如果把放大鏡放在固定位置，讓光線聚攏在某一點，馬上就可以看到奇妙的效應。

思維的力量亦然。若是任由思緒放空、漫遊太虛，力量便無法集中，也就不會創造任何成就。但如果屏氣凝神、集中意念緊盯著某一個目標，假以時日，任何事情都有可能成真。

如果有人說這看起來很簡單，那個人肯定沒有全神貫注在某一明確標的或目標的經驗。試著做做看吧——選定一個目標，要求自己集中意念在這個明確目標十分鐘。相信你肯定做不到。因為你的思緒會動不動就飄走，你還得花時間把它們拉回來，繼續思考原定目標，只是每一次效果都不大。十分鐘過去後，你一無所獲，因為你根本無法成功地集中意念在目標上。

然而，一旦你循序完成聚焦意念的過程，最終就可以克服人生路途上的任何障礙。要取得這項奇妙能力的唯一方法就是練習，「熟能生巧」正是放諸四海皆準的真理。

出色的金融家都會盡量隱世而居，為的就是遠離喧囂人群，撥出更多時間思考、計劃並培養正確的心態。

成功的商業人士持續證明一個事實：個人的思維若能與其他成功的商界菁英保持同步，就能因此有所收穫。

一個卓越的創意可能價值連城，但這些珍貴想法只會萌現在那些善於接納、準備接納，並且擁有成功思維人士的腦子裡。

人們一直在學習如何與宇宙心智保持和諧同步、學習與萬事萬物保持同調、學習思維的基本法則和原理。這些都有助於改變環境，提升成果。

宇宙法則 10

心智的影響力可以在身體的任何部位發揮作用，也可以消除一切你不想要的結果。

他們會發現，外在環境、境遇會隨著內在精神傾向、心靈成長不斷變化；他們也發現，學到知識就會成長、起心動念就會採取行動、洞察機先就能看見機會。永遠都是精神先行，接著才是無邊無際、永無止境的轉變進步。由於個人是宇宙分化的管道，因此這些可能性必然取之不盡、用之不竭。

我們可以藉由思考的過程擷取靈性力量，這一點請務必銘記在心，直到它自然融入我們日常意識的一部分。要達到這個結果的方法，就是堅持不懈地實踐本書所說的基本原理——這正是一把足以打開宇宙真理寶庫的萬能金鑰。

人一生的苦難大致可分為兩大型態：肉身病痛與精神焦慮，這些都是因為違反了某些自然法則所引起的。之所以如此，是由於人類的某些知識至今仍深受局限。如今，過往年代日積月累的陰霾終將散去，之前因為資訊不完善所導致的種種悲慘境遇也將隨之遠離。

一旦你學會聚焦意念，就能克服任何障礙。

本週，你又離宇宙眞理更近一步……

- 有需求就會有要求、要求會創造行動，行動會產生結果。進化的過程就是以今天為基礎不斷地打造明天。
- 成功理當伴隨著最崇高的道德理念，也就是「為最多人謀求最大的福利」。
- 心靈力量的奧祕完全取決於其連接的思維機制。
- 你的信念有多強大，力量就有多強大。
- 在開發心靈力量的過程中，全神貫注、聚精會神是至關重要的環節。一旦我們集中精神意念，其成果將令人嘆為觀止。

心靈力量啟動練習 6

你若想培養專注的能力，請帶著一張人像照片，然後進入你一貫使用的空間，以同樣姿勢坐在同一張椅子上。定睛凝視這張照片至少十分鐘，留意照片中人物眼神流露的情緒、臉部特徵、衣著打扮、頭髮造型等，仔細檢視照片中的每一個細節。現在，遮住照片，閉上雙眼，試著在腦中回想這張照片。如果你能完整地回想起所有細節，以至於可以在腦海中清晰地重繪這張照片，那我就要恭喜你了。如果做不到，那就請重來一次，直到成功為止。

這個步驟的目的是準備好土壤，下星期我們將會開始播種。藉由這個練習，你將學會控制情緒、心態和意識。

隨堂小複習

Q1 電可以產生哪些作用？

A: 熱、光、力、音樂。

Q2 這些不同的作用取決於何物？

A: 取決於電力所連接的裝置為何。

Q3 個人心智的行動和互動對宇宙有何影響結果？

A: 形塑我們所遭遇的條件和經驗。

Q4 要如何改變這結果？

A: 從改變宇宙藉由差異化而形成的實體裝置開始。

Q5 這裡的「裝置」指的是什麼？

A: 人類的大腦。

Q6 我們如何改變它？

A: 透過「思考」來改變。思想會產生腦細胞，這些腦細胞會呼應宇宙中與之相對應的思想。

Q7 專注力有何價值？

A: 這是個人所能獲得的最高成就，也是每一位成功人士的特質。

Q8 我們如何得到它？

A: 持之以恆地實踐這套系統教導的練習。

Q9 專注力為什麼如此重要？

A: 因為它可以讓我們掌控自己的思想。既然思想是起因、境遇是後果，倘若我們能控制起因，也就可以掌控後果。

Q10 透過什麼方式可以改變客觀世界的條件並提升結果？

A: 學習具有建設性的思維方法。

「我們心中抱持的思想與外在世界息息相關，

這一點是再真實不過的事實。

這就是毫無例外的絕對法則。

正是這套法則，亦即思想與客體之間的關聯性，

讓我們深信，亙古至今特殊天意必然存在。」

——美國精神科學運動先驅海倫・威曼絲（Helen Wilmans）

第7週

描繪心靈藍圖

生活壓力壓得我直不起腰，
何時才能脫離貧窮？
普通人
在心中描繪富足的景象吧！
聚焦在你想要的目標，
而非你不想要的事物。
心想事成
的幸運兒

來自「吸引力法則之父」的第7封信

幾百年來，人們相信冥冥中存在一股看不見的力量，萬物都是由此孕育而生，因此這個世界才能生生不息、周而復始。我們可能人格化這道力量並稱之為上帝；我們也可能認定它是萬物本質或精神，但萬變不離其宗，孕育萬物這一點是一樣的。

就個體而言，客觀的、有實體的、可見的實物是屬於個人的，都可透過感官認知。感官包括身體、大腦和神經網絡；而主觀的部分是心靈的、看不見的，不具個人的事物。人的形體是有形的實體，因此具有意識；而非實體的、靈性的部分儘管擁有與一切實體相同的屬性，卻無法意識自身存在，因此我們稱之為「潛意識」。

人的形體，或說自覺意識，擁有意志力、選擇力，因此遭遇困難時可以發揮判斷力，從各種解決方法中挑揀出合用之道。

人的非實體，或說靈性部分，卻是萬物起源的一部分，它沒有選擇的能力，然而它可以任意支配「無限」這項資源，而且可以藉由人類或個人心智無法想像的方法實現目的。

因此，你會發現，你可以繼續倚賴處處受限、謬誤連連的人類意志，也可以發揮潛意識心智的力量，開發無限潛能。接下來的課程就是要套用科學思維詳盡闡述這股神奇的力量。其實只要你有心理解、欣賞並認同，它就盡在你的掌握中。本週將為你說明如何自發自覺地善用這股無所不能的力量。

萬事萬物必先在思想中成形，隨後才形成實體

「視覺化想像」（Visualization）是打造意象的過程，你所描繪的精神圖像就是一套模具或模型，你未來的人生將依此為範本而形塑。

你要保持心中的精神圖像細緻而美好，切勿害怕退縮。請描繪出一幅宏偉壯觀的景象；請謹記，除了你自己，沒有人可以限制羈絆你。你無須受限於金錢或素材，你能從無限力量中汲取所需能量，任憑想像力帶你建構出人生的樣本；它必須先在想像世界裡落地生根，才可能在別的地方付諸實現。

請讓這幅圖像清晰無瑕、輪廓鮮明，讓它在你心中牢牢地落地生根，這樣你必能一步接一步，持之以恆地更向目標靠近。你可以成為「自己夢寐以求想成為的那個人」。

這是另一個眾所周知的心理學事實，遺憾的是，單單只是知道這個事實對你的心智其實毫無裨益，甚至無法幫助你描繪你的心靈圖像，更遑論實現目標。付出努力是不可避免的，但是很少人願意如此勞心、勞力。

第一個步驟就是「**理想化**」（Idealization），這是最重要的步驟。因為無論你希望打造出什麼成果，必得奠基於藍圖。理想必須實際堅定、禁得起考驗。好比建築師在計劃興蓋一棟三十層高樓時，必得事先仔細繪製每一條線、每一個細節。當工程師打算開挖深渠之前，必得先計算出這項工程所需數以百萬計的零組件的承載力。

他們在實際邁出第一步之前就已預先看到最終結果，所以你也得在腦中先構思出自己渴望的目標。就跟種植作物一樣，如果你正要播種，在撒下任何種籽以前就要先知道自己將會收穫什麼作物。這就是理想化的過程。倘若你還沒有十足把握，那就回到你每天練習的座位上，每天花時間思考，直到這幅圖像清晰可見為止。它會一步步慢慢開展，首先是隱約模糊的總體規劃，但雛形已具、輪廓已明；再來就是諸多細節，你將慢慢發展出所需力量，以便在過程中一步步形塑你的計畫，直到最後可以在有形的物質世界中實現。你將知道，未來你可以擁有什麼。

接下來，就是「**視覺化想像**」這個過程。你在心中看到的畫面必須越來越清晰完整，隨著各項細節在你眼前一一開展，使其實現的種種方法與手段也會隨之浮現，環環相扣。想法會引領行動，行動會產生方法，方法會呼朋引伴，志同道合的朋友則會改變你的境遇，最終敦促你邁入第三道步驟，也就是**實體化**（Materialization）。到了這一步，你的目標也就達成了。

我們都明白，宇宙必定是先在思想中成形，之後才會形成實體。如果我們願意主動順著偉大宇宙建築師所設定的這條道路前行，有一天會發現自己的思想也會像宇宙的物質化為實體那般，成為有形的實體。個人的心智運作與此過程並無二致，毫無所謂種類、性質的差異，唯獨程度有別。

建築師會先對他要設計的建物進行視覺化想像，也就是說在腦海中看見他希望落成的實物。他的思想就像是一副模具，無論是高樓或平房、美輪美奐或是平淡無奇，整棟建物最終就是誕生於這副模具中。他在心中描繪的願景必是先躍然紙上，最後透過必需的物質建材，蓋出一棟完工的建築。

發明家也懂得採取同樣手法視覺化自己的理念。舉例來說，天才科學家尼古拉·特斯拉（Nikola Tesla）可謂有史以來最偉大的發明家之一，他天賦異稟，經常創造出讓世人嘆為觀止的奇蹟。在他實際動手創造之前，會先視覺化目標。他不會急著把想像具體化，而是慢慢地費工夫修正缺陷。一開始他會先天馬行空地想像，逐步建立起理念，然後描繪出一幅精神圖像，在想像的世界裡動腦思考，重新組構，進行細部的改進。「我採用這種方式，」他在雜誌《電力實驗者》（Electrical Experimenter）中這麼寫，「因而得以在不用動手碰任何物件的情況下，快速地把一個概念發展到完美的境界。當我終於進行到可以設計出腦中想像的物件，而且再也想不到任何一丁點需要改進的弱點，也找不到一絲一毫的缺陷時，才會動手將腦子裡的產品付諸實現。我所設計、製作的產品最終總是與我當初所設想的形體一模一樣，二十年來從無例外。」

無論你希望打造出什麼成果，必得奠基於藍圖。理想必須實際堅定、禁得起考驗。

描繪清晰心靈藍圖，內在無聲工人將為你築夢

如果你可以自發自覺地遵循這些指示，就可以發展出信念，也就是《新約》中所謂「信就是所望之事的實底、是未見之事的確據」。你將培養出自信，即一股可以帶來毅力和勇氣的信心，這種自信將為你帶來專注力，得以排除一切雜念，集中思想在與目標相關的一切事物上。有一個法則這麼說：「思想得以化為有形實體」，唯有懂得如何善用思想成為卓越思想家之人，才得以坐上大師的地位，帶著權威說話。

唯有持續在腦子裡一再描繪這幅圖像，才能提升它的清晰度與準確度。每一次的重複都會使圖像變得比之前更清晰明確。**心靈圖像的清晰準確程度與它在有形世界的狀況互成正比。**你必須先讓它在自己的心靈世界，也就是內在世界中牢牢地落地生根，它才會在外在的有形世界中成為實體。除非你找到適合的材料，否則就算在心靈世界裡也打造不出任何有價值的東西。雖然只要有材料就一定可以做出些什麼，但請務必確保材料的品質優良。因為你不可能用劣質材料做出上等貨。

在你的內在世界中，有數百萬名無聲的建築工人會將這種建材源源不絕運送到場，打造出你心中的精神圖像。試想看看！你的心靈世界中有五百萬個精神建築工在努力工作著，他們的名字就是腦細胞。除此之外，你還有一批至少相同數量的工人，隨時等著被徵召，接手完成任務。由此看來，你的思考能力無遠弗屆，這也意味著你的創造力同

樣無遠弗屆，足以為你創造出自身渴望的外在環境。

除了大腦中這一批精神建築工，你的體內其他部位也有數十億的精神建築工，每一名都具備足夠的智慧，能夠理解並根據接收到的訊息或建議行事。這些細胞馬不停蹄地創造然後再重塑我們的身體，除此之外，他們還可以進行一種靈性活動，也就是把完善目標建物所需的物質吸引過來。

這些工人吸引所需物質時遵循的法則，與各種形態的生命吸引其成長所需材料時遵循的法則與方式完全相同。橡樹、玫瑰與百合等植物為了展現完美之姿，都需要特定的物質材料，它們無聲中透過吸引力法則索求，因此獲得所需的材料。因此，如果你想要完美無瑕地發展自身，吸引力法則正是你獲取所需材料的最可靠途徑。

內在世界才是真實力量煥發的源頭

把精神圖像描繪得明確、完美，並在心中請牢牢抓住它，方法和手段便會隨之而來，供給也會隨著需求而來。你將會收到指引，在正確的時間採取正確的方式實現正確的事情。「熱切的渴望」會帶來「確信的期待」，而「確信的期待」需要「堅定的要求」進一步強化。這三者必能帶來任何成就，因為「熱切的渴望」就是我們的感覺，

「確信的期待」就是我們的想法，而「堅定的要求」就是我們的意志力。正如我們所知，感覺賦予想法活力，意志力則讓它堅定不移，讓「成長法則」將願景化為現實。

我們人類體內具備如此沛然的力量、如此超脫自然的能力，但我們卻一直渾然不覺，這一點不是匪夷所思嗎？總是會有人指點我們要從「外在世界」尋求力量和能力，這一點不是也荒謬可笑嗎？我們一直被教育著要從「內在世界」以外的各個角落尋找力量，一旦這股力量真的從我們的生命煥發出來，他們卻又會告訴我們，這其實是超自然的現象。

許多人已經體會到這股神奇力量，因此認真、自發自覺地努力獲取健康、力量及其他外部條件，最終卻仍功虧一簣。他們似乎無法妥善地運作這項法則的能力。之所以會造成這結果，都是因為他們只知道要和「外在世界」打交道，他們索求金錢、權力、健康、財富，卻不知道這些都是「後果」而已，但我們唯有先找到「起因」，才能讓「後果」水到渠成。

一個人若能不去注意外在世界，而是專注於查明真理、尋求智慧，他們會發現，智慧活生生就在眼前，向他們敞開力量之源，也會發現，智慧就展現在他們的想法和目標中，最終為他們開創自己一心渴望的外在境遇。這偉大的真理會在高貴的目標和勇敢的行動中彰顯出來。你只要專注於內在想法，而非外在環境，只要能把內在世界塑造得美麗、富饒，外在世界自然會體現你的內在世界所呈現的狀態。你會發現，你所創造的想

法，最終會投射呈現在客觀世界，成為結果。

你所創造的想法，最終會投射呈現在客觀世界，成為結果。

舉例來說，有個人債台高築，他因此茶不思、飯不想地惦記著這筆債，心心念念只想著它。這些想法因此成為起因，最終後果便是，他不僅更被債務逼得喘不過氣來，甚至還背負了更多債。他把吸引力法則應用在這方面，便得到司空見慣且無可避免的結果，也就是「輸者恆輸」。這麼說來，什麼才是正確的法則？答案是，聚焦在你想要的目標，而非你不想要的事物。你應該全心想著富足的境況，在心中描繪最理想的方法和計畫，啟動富足法則的運行。在你的內在世界中描繪富足法則所創造的美好情境，這麼做將會讓你實現富足的現實生活。

對於一天到晚都懷抱著匱乏與恐懼念頭的人來說，這套法則就會為他們帶來窮困潦倒、匱乏不足與各種限制，對於心中常存勇氣和力量的人來說，它則會為他們帶來富足與豐饒。大部分人都有相同的問題。我們過度焦慮，我們經常憂心忡忡、恐懼、沮喪，我們希望做出一點成績，我們想要提供幫助。我們就好似孩童一樣，種下一顆種籽，然後每隔十五分鐘就要探頭看看，翻一翻土壤，看看它有沒有長大。當然，在這種情況下，種籽永遠別想發芽生長，但這就是我們許多人對內在世界幹的蠢事。

我們必須種下種籽，但也得放手不干擾它成長。這不是說我們乾脆就坐下來等，什麼事也不幹；我們反而應該比以前多做一點，而且要做得更好一點，因為全新的管道將源源不絕地供應，一扇全新的大門也將為我們敞開；我們必須做的事就是開放心胸，隨時做好準備，一等時機成熟便採取行動。

思想的力量是獲取知識最強而有力的手段，假設我們專注在問題上，任何問題都能迎刃而解。沒有什麼事會超出人類的理解力，但你得付出努力，才能想駕馭思想的力量，讓它聽命於你行事。請謹記，思想就是火焰，因此會產生蒸汽，推動財富的車輪。你的人生經歷就取決於此。

請捫心自問幾個問題，並真心誠意地等待答案浮現：你是否時常可以感覺到自我與你同在？你是否能堅持這個自我，還是說你習慣從眾？請謹記，大多數人都是跟隨者，他們從來就不當領頭羊。當年蒸汽機、動力織布機以及其他每一回科技進步和改良的機器設備問世時，竭盡全力頑強反抗的，就是多數群眾。

聚焦在你想要的目標，而非你不想要的事物。

本週，你又離宇宙真理更近一步……

- 你所描繪的心靈圖像就是模具，你未來的人生將依此為範本而形塑。
- 除了你自己，沒有人可以限制羈絆你。
- 心靈圖像越清晰無瑕、輪廓鮮明，你就越能朝目標靠近。
- 「熱切的渴望」會帶來「確信的期待」，而「確信的期待」需要「堅定的要求」進一步強化，這三者必能帶來任何成就。
- 你應該全心想著富足的境況，在心中描繪最理想的方法和計畫，啟動富足法則的運行。
- 沒有任何事會超出人類的理解力，但你得付出努力，才能想駕馭思想的力量，讓它聽命於你。

心靈力量啓動練習 7

這一週你的功課就是在腦中視覺化一位朋友。清楚地看到上一次你與他碰面的狀況——不僅是他的模樣，也要看到房間、家具，還要能想起你們雙方的對話。現在請正視他的臉，仔細清楚地觀察，然後挑一個雙方有共同興趣的話題展開交談，看看他的臉部表情如何變化，觀察他展顏微笑。你做得到嗎？很好，你做得到。現在你開始設法激發他的興趣，告訴他一則冒險故事，看著他的雙眼閃閃發亮，閃爍著興奮開心的光芒。你也能做得到這一點嗎？要是可以的話，那就代表你的想像力非常豐富，你正取得驚人進展。

隨堂小複習

Q1 何謂「視覺化想像」？

A: 在心中描繪精神圖像的過程。

Q2 這種思考方法的結果為何？

A: 我們在心中打造圖像或影像，讓它在心中牢牢地落地生根，就能一步接一步地更向目標靠近，成為「自己夢寐以求想成為的那個人」。

Q3 何謂「理想化」？

A: 它是視覺化或理想化計畫的過程，最終會在我們的客觀世界中實現。

Q4 為什麼清晰度、準確性有其必要？

A: 因為「看見」會產生「感覺」，「感覺」會產生「存在」。首先是精神感知，然後是情緒感知，最後就是成就的無限可能性。

Q5 你要如何獲得這些結果？

A: 熟能生巧，每次重複想像都會使心靈圖像比前一次更準確。

Q6 你要如何確保構建心理圖像的材料？

A: 交給數以億計的精神勞動者——腦細胞。

Q7 你如何確保讓理想在客觀世界中實體化的必要條件？

A: 透過「吸引力法則」，它是負責為我們帶來所有條件和經歷的自然法則。

Q8 若想將這套法則付諸實施，得完成哪三個必要步驟？

A: 「熱切的渴望」、「確信的期待」和「堅定的要求」。

Q9 為什麼還是有許多人功虧一簣？

A: 因為他們只看得到損失、疾病和災難。基於「吸引力法則」，他們害怕的事情必會應驗在他們身上。

Q10 上述問題有何解決方法？

A: 聚焦在所有你渴望發生於生活中的理想狀況。

「思想即生命，

不動腦思考的人，

就無法生活在任何崇高或真實的意義中。

思考讓人真正為人。」

——美國教師艾默思・布蘭森・艾爾考特（Amos Bronson Alcott）

第 8 週

思考主宰你的行動

我曾在心中描繪了未來藍圖，可現實生活卻沒有改變啊？
普通人
別想指望自己只花十分鐘就能萌生強力、積極、具有創造性的想法。
心想事成的幸運兒

來自「吸引力法則之父」的第8封信

本週你會學到，雖然你可以自由選擇思考的方向，但你的思想會造成何種結果，永遠由一條鐵錚錚的定律來決定！這不是一件光想就覺得很神奇的事嗎？知道自己的生活並非受制於任何一種反覆無常、善變不定的無常，難道不是件很美好的事嗎？我們的生活依循定律而行，定律的穩定性就是我們的機會，因為我們只要依循定律行事，就可以準確地獲得渴望的成果。

正因為宇宙依循著定律運行，才能讓宇宙如同一首和諧圓融的盛大讚歌。若不是因為它，宇宙將就是一片混沌亂象，而不是井然有序的體系。這就是善惡源頭的奧祕。現在、過去與未來皆然。

且容我進一步闡明。思想會創造行動，如果你的思想具有建設性、正面和諧，結果理當美好；但要是你的思想具有破壞性、毫不諧調，結果必將不妙。也就是說，宇宙間只存在一條定律、一項原則、一個起因、一股力量之源，所有善與惡不過只是用來區分我們採取的行動所造成的結果，也可以解讀成我們是否遵循或違背這條定律。

這一點的重要性可以從美國思想家拉爾夫．瓦爾多．愛默生（Ralph Waldo Emerson）與作家湯瑪士．卡萊爾（Thomas Carlyle）的生活經歷中窺見端倪。前者熱愛美好事物，他的一生像是一首寧靜、和諧的交響樂；後者厭惡一切不良事物，使得他的一生像是永遠喧鬧不和的紀錄檔。這兩位偉大的思想家都矢言實現同一個理想，但其中一位善用具有建設性的思想，因此得以與自然法則和諧共進；另一位卻鑽研破壞性的思想，結果是為自己帶來各種永不止息的不和噪音。

因此，我們顯然不應該厭惡萬事萬物，甚至是「惡性」本身，因為厭惡深具破壞性，而且我們很快就會發現，抱持具有破壞性的想法就像是播下「風」的種籽，最終我們將收穫「風暴來襲」。

建設性的想法為你連結無窮智慧

思想涵蓋一個至關重要的原則，因為它是宇宙的創造性原則，就本質來說，將會與其他性質相近的思想互相結合。

正如生命的目標之一就是「成長」，所有存在的基本原則都必須為此出一分力。因此，思想得以成形，並透過成長法則彰顯它的存在。

你大可自由選擇思考方向，但你的思想將造成何種結果，由一條鐵錚錚的定律掌管著。任何堅定不移的思維，一定會在個人的人格特質、健康和外在環境產生實質的影響。因此，找到有效方法，讓建設性的思維習慣汰換所有帶來不良效應的思維習慣，這件事至關重要。

我們都知道，達成這一點並非易事。儘管精神習慣難以掌控，但仍可以做到，方法即是，從這一刻開始，讓那些建設性的思想取代破壞性的思想，並養成分析每個想法的習慣。倘若一個想法有其必要性，倘若它最終產出的客觀結果有益於人，請勿獨自享用，要讓周遭的人雨露均霑。請保留它、珍視它，因為它彌足珍貴，而且與無窮智慧協調一致，因此會成長、發育並結出沉甸甸的果實。另一方面，請謹記美國電視專欄作家喬治．馬修斯．亞當斯（George Matthew Adams）的名言：「要學著小心門戶，任何看起來無法給你的未來帶來明確益處的事物，都會試圖闖進你的心門、你的心靈、你的工作與你的世界，請務必拒它們於外。」

倘若你的想法多具批判性、破壞性，無論在任何條件的環境下，都只會招致混亂不安與喧鬧不和。所以，你必須為自己培養具建設性思維的心態。

想像力在這一方面大有裨益。發展想像力有助發掘你的人生理想，而你的理想就是你的未來。

發揮想像力好比蒐羅各種素材，然後交由心智編織成你未來要穿著的衣裳。

想像力就像是一道光，讓我們可以看見一個全新的思維與經歷的世界。

對所有探險家、發明家而言，想像力是強而有力的工具，他們依靠想像力開闢出一條由「前例」通往「經驗」的道路。前例總說：「這辦不到。」但經驗會說：「搞定了。」

想像力是一種具可塑性的力量，會把所感知的事物塑造成新的形態和想法。

想像力是一種具建設性的思維，這種思維是所有具建設性行動的基礎。

建築工非得先拿到建築師繪製完成的藍圖，否則無法施工；而建築師的藍圖必得從想像力出發。

企業領袖非得先在腦中透過想像力安排整套工作計畫，否則根本無法建立一個大型企業——協調數百間小公司、數千名員工，動用數百萬元資金的大集團。客觀世界裡的物質好比陶藝家手中的陶土，真實的事物都是由偉大的心智孕育而生，最開始也必須借助想像力發揮作用。你若想培養想像力，就要充分練習。就如同肌肉訓練一樣，發展精神力量也要多加練習，並提供其營養，否則不會成長。

想像力是最辛苦的勞動，回報也最高

請不要混淆想像力和幻想，幻想是在做白日夢，有些人就是喜歡耽溺在白日夢。那是一種揮霍浪費精神的無用行為，最終將導致精神疾病。

具建設性的想像力指的是精神勞動，有人甚至認為它是一種最辛苦的勞動。確實如此，但它也會回報當事人最豐碩的果實，因為生命中最美好的一切事物都會朝著那些會思考、想像，並驅策自己實現夢想的人靠近，讓他們美夢成真。

當你意識到心智是唯一的創造原則，知道它無所不能、無所不知、無所不在，你就可以自發自覺地運用思想的能量，與造物者和諧一致，朝著正確的方向大步往前邁進。

下一個步驟，你要把自己安放在能夠接收這股能量的位置。由於它無處不在，因此必將與你同在。我們都知道一切能量都是由內而生，但這股能量必須用心發展、提升、培育。為此，我們必須先做到樂於接納，這種接收的能力也需要經過訓練而成，一如鍛鍊身體。

吸引力法則會準確無誤地依據你的習慣、性格以及心態，在你的生活中呈現相對應的景況、境遇與經歷。這並非你偶爾去教堂沉思或有時閱讀一本好書，就會產生影響，必須是你的主要心態才真正算數。

一天二十四個小時裡，你若是花費了十個小時耽溺在軟弱、有害而且負面的想法中，就別想指望自己只花十分鐘就能萌生強力、積極、具有創造性的想法，還以為自己可以開創美好、強大、和諧的景況。

貨真價實的力量源自內心。我們所有人可以發揮的所有力量其實都源自我們的內在力量，只不過得等你開始認識它，才能讓它變得清晰可見；但此後你就能主張這股力量的所有權，並把它融入你的意識，直到你與它合而為一。如此，這股力量才能顯現在有形世界中。

人們都說希望自己能夠長命百歲，他們的確想要。然而很多人以為想要長命百歲，就得勤加鍛鍊肌力、採用科學方式呼吸、挑選健康的飲食方式與食物，每天喝大量溫水，杜絕飲料，這樣就能延年益壽。但這種做法的結果其實根本無關緊要。不過，若是

宇宙法則 13

任何看起來無法給你的未來帶來明確益處的事物，都會試圖闖進你的心靈，請務必拒它們於外。

有人及早醒悟這項事實，並確信自己與「生命之源」的一致性，他將發現自己變得耳聰目明、腳步輕快，而且再度盈滿青春活力；此時他將理解自己終於找到一切能量的泉源。

對宇宙法則一無所知，是不安動盪的肇因

所有錯誤都源於無知。學習知識會因此得到力量，這是成長和進步的決定性因素。對知識的認知與展現構成了力量，這股力量是精神力量，精神力量是萬物的核心，是宇宙的靈魂。

知識是人類思考能力產生的結果，因此，思想就是人類意識進化的種籽。當我們的思想與理想停止進步，個人的力量就會開始崩壞，外觀也會隨之改變，反映諸多變化的狀況。

成功人士總是緊守他們期望實現的理想，把要達成目標的下一個步驟銘記在心。思想是他們建構理想的建材，想像力則是他們的精神工班。心智是他們用以掌控周遭必要環境和人物永不止息的動力，這是他們成功的必要條件；而想像力正是一切偉大事物誕生的基礎。

倘若你對自己的理想有堅定的信念，一旦周遭環境成熟有利實現計畫時，你就會聽到發自內心的召喚，結果終將與你對理想的堅定程度成正比。你若能堅定不移地捍衛理想，便能為成功做準備，也能吸引必要的條件。

如果你可以把靈性與力量融入生活，你就可以過上一帆風順的生活，免受一切患難折磨。你也因此可以產生積極向上的正向力量，將富足與和諧磁吸到你的生命中。

對這些知識的無知，就像逐漸滲透大眾意識的病毒，也是世上種種動盪不安發生的主要原因。

你在上週已經學會如何創造精神圖像，並將它從隱不可見轉化成清晰可見。這個星期我希望你挑選一個目標，追本溯源，看看它實際上如何組成。倘若你這麼做，將有助於培養你的想像力、洞察力、感知力與敏銳度。這些能力並不是單靠多數人膚淺的觀察力就能手到擒來，而是需要參透事物表面，採用分析的態度看清表象以下的實景。

只有少數人明白，自己眼前所見的一切事物都只不過是後果，並且真正理解形成這些後果的起因。

想像力是一切偉大事物誕生的基礎。

本週，你又離宇宙真理更近一步……

- 任何堅定不移的思維，一定會在個人的人格特質、健康和外在環境產生實質的影響。
- 讓建設性的思維習慣汰換所有帶來不良效應的思維習慣，是至關重要的一件事。
- 不要混淆想像力和幻想，幻想是在做白日夢，那是一種揮霍浪費精神的無用行為。
- 吸引力法則會準確無誤地依據你的習慣、性格以及心態，在你的生活中呈現相對應的景況、境遇與經歷。
- 思想是人類意識進化的種籽。當我們的思想與理想停止進步，個人的力量就會開始崩壞，外觀也會隨之改變，反映諸多變化的狀況。

心靈力量啓動練習 8

請像先前一樣坐在同一處位置，開始具體化想像一艘戰艦。你看見這艘龐然大物載浮載沉在海面上，它毫無生機，整個畫面寂靜無聲。你很清楚，絕大部分船體都在水面下，因此你無法看清楚；你很明白，這艘船就好比一幢二十層的摩天大樓一般高聳巨大，幾百名船員蓄勢待發，執行命令；你知道船上每一部分都是由能力出眾、訓練有素，而且技巧純熟的軍官負責駕馭，他們已證明自己足以勝任重責大任；你知道，儘管它看起來渾然不覺，但周遭幾英里內的每一樣事物都逃不過它的觀測儀，一切盡在它的掌控中；你還知道，儘管它看起來平靜、順從、無害，卻隨時準備好可以對著幾英里以外的敵軍發射幾千磅的炮彈。這些背景資料你毫不費力就能一一想起，但這艘戰艦究竟是如何從無到有，甚至能在今天出現在這片海域上？倘若你是心細如髮的觀察者，所有這一切你都會想一探究竟。

看到船體巨大的鋼板，讓你想起鑄造廠。你看到，眼前有成千上萬名員工正在參與生產過程；再往前推，看看取自礦山的鐵礦石，被運上貨車或卡車，然後送進火爐裡熔化、鍛造。請任由思緒引領你回溯，為什麼他們計劃打造一艘龐大戰艦。你會看到，現在你的思緒返回戰艦最初還只是看不見、摸不著的形態中，也就是說，它還僅存在工程師的腦海中。但是，打造這艘戰艦的指令究竟發自何處？也許是國防部長的指令，但更有可能的答案是，戰爭都還沒開打就已經有打造戰艦的構想了；於是國會同意並提撥預算。很有可能在表決時出現反對聲浪，到處有人為了支持或反對四處演說。這些國會議員各自代表什麼人？他們代表你和我這些人民，所以我們會發現，當進入分析的最後層次，我們自身的想法就是這艘戰艦以及其他諸多事物的起因，而這些是我們經常忽視的事實。一旦我們抽絲剝繭就會明白一個最重要的事實——如果不是有人發現了可以使這座鋼筋鐵骨打造的龐然大物行駛在海上卻不會下沉的定律，這艘戰艦根本不會存在。

這條定律便是：「任何物質的比重，都是它的重量除以同體積水的重量比。」這條定律一問世便徹底改變所有型態的航海、商業與戰爭，因而催生出打造戰艦、航空母艦、巡航艦的可能性。

你會發現，這類練習將為你帶來無以倫比的價值。一旦我們的思想能夠看穿事物表象，一切就會與先前印象截然不同，原本瑣碎無比的事物變得寓意深遠，索然無趣的事件也會變得興味盎然。我們曾經認為毫無用處的事物，反而可能成為生命中至關重要的存在。

隨堂小複習

Q1 何謂「想像力」？

A: 一種具有建設性型態的思想。想像力就像是一道光，讓我們可以看見一個全新的思維與經歷的世界。所有發明家或探險家都藉由想像力開啟一條從「前例」通往「經驗」的道路。

Q2 培養想像力會產生什麼結果？

A: 培養想像力有助發掘你的人生理想，使你的未來朝此方向發展。

Q3 如何培養想像力？

A: 熟能生巧，在鍛鍊的同時也須補充營養，否則它將無法生長。

Q4 想像力與白日夢有何不同？

A: 白日夢是一種揮霍浪費精神的無用行為，想像力是一種具建設性的思維，這種思維是所有具建設性行動的基礎。

Q5 世上的錯誤源自哪裡？

A: 源於無知的結果。

Q6 「知識」從何而來？

A: 知識是我們思考能力的結果。

Q7 成功人士打造願景的力量為何？

A: 透過心智的力量，來獲取達成目標所需的人、事、物。

Q8 什麼東西預先決定了結果？

A: 你若能堅定不移地捍衛理想，便能為成功做準備，也能吸引到必要的條件。

Q9 敏銳的觀察將可以培養什麼特質和能力？

A: 可以培養想像力、洞察力、感知力與敏鋭度。

Q10 這些特質會帶來什麼好處？

A: 具備這些特質的人將獲得富裕且和諧的人生。

生動鮮明的思想會引發一股為它增添色彩的力量，
與它的來源深度互成正比的事物是它所投射的力量。

——美國思想家、文學家 愛默生（Ralph Waldo Emerson）

當任何目標或目的已經形成清晰的思想輪廓，
誕生、可觸、可見之日終將到來，差別只是早晚而已。
願景總是走在現實之前，而且會決定現實的走向。
——美國記者兼作家莉蓮．懷丁（Lillian Whiting）

第 9 週

改變自己的工具：肯定語

我覺得自己能力不夠、
什麼都做不成，
該怎麼改變自己？
時時複誦：「我是完整、
完美、強健、有力、熱情、
和諧又快樂的人！」
普通人
心想事成
的幸運兒

來自「吸引力法則之父」的第9封信

在本週，你將學會製作一套工具，用以創造一切自身的渴望。如果你有意改造環境，第一步就是改變自己。在你突發奇想、心生期盼，欲將雄心壯志付諸行動的過程中可能步步受挫，但內心深處的思想必定會展現在有形的世界中，一如植物的種籽萌芽發葉一般自然。

若此，假設我們有意改造環境，該如何著手？回答很簡單：依循成長法則行事即可。不論是在思想這個隱藏的國度還是在現實的物質世界，因果關係都絕對適用，絕對不會有一絲一毫的偏差。

在心中常存你所渴望的境遇，彷彿這境遇已然實現那般，肯定地說出你希望的狀況，堅定不移地信守它。這就是堅定信念的價值。透過一再的重複，它會融入我們，成為自身的一部分。實際上，我們就是在改變自己，把自己改造成夢寐以求的樣子。

性格不是一朝一夕的產物，而是長期努力的結果。倘若你屬於懦弱膽怯、優柔寡斷、怕生害羞的類型，或是你一想到即將到來的危險便會產生恐懼，因而過度焦慮、煩躁不安，請謹記以下這個不言自明的真理：「兩種不同事物不能在同一時間、同一地點共存。」

從精神和心靈世界來看，這一點也無庸置疑。所以，要醫治上述毛病的藥方非常簡單，只要服下勇氣、能力、自強、自信的念頭這帖解藥，就能取代無助、畏怯、匱乏、有限的想法。

你若想辦到這一點，最簡單、自然的做法就是：挑選一句最能符合你的特別情況的肯定句。

積極正面的想法必將摧毀消極負面的念頭，就如同白晝驅散黑夜一樣確定，結果必將完全奏效。

行動是思想所綻放的鮮花，境遇則是行動的結果。這麼看來，你一直握有某種必不可少的工具，它們要不是成就你就是毀滅你；你所得到的回饋若非歡樂就是苦痛。

「內在世界」能源源不絕地供應你的渴望

「外在世界」中只有三樣事物值得期待，而且每一樣都可以在「內在世界」找到。找到它們的祕訣很簡單，只要找到一種能與宇宙全能力量連結的「機制」，而且我們每個人都能與這股力量相通。

所有人共同渴望的三件事分別是「愛」、「健康」與「財富」，這可說是人類發展到最高層次、最全面的境界。相信所有人都承認，「健康」絕對至關重要，畢竟纏綿病榻的人怎麼可能滿心歡喜。至於「財富」這部分，也許不是每個人都會毫不遲疑地承認財富不可或缺，但所有人肯定都同意，夠用至少是必要條件。只不過，對甲而言夠用的程度，對乙來說可能是絕對無法忍受的大缺口。如果我們去觀察自然界，就會發現大自然不僅僅是供應所需，而且其供給量源源不絕，甚至到了浪費奢侈的地步。由此可知，一切的匱乏或局限都只不過是人為的分配方法有缺陷而造成的。

我們所有人可能都會坦承，「愛」是第三件重要大事，或者可能有人會說，對於人類幸福來說，愛是頭等重要的大事。無論如何，「健康」、「財富」與「愛」三者皆有的人心中將滿溢幸福，再也沒有空間容納第四件大事。

我們已經知道，宇宙的本質等同於「所有健康」、「所有財富」和「所有愛」，我們可以用來與無限連結的機制就是我們的思維方式。因此，正確思考就會帶領你進入

「偉人的祕密聖殿」。

那我們應該思考些什麼？如果我們知道這個問題的答案，就能找到與「我們渴想的一切事物」連結的機制。當我揭露這套機制的祕訣後，乍看之下你可能會覺得非常簡單，一旦深究就會發現，它實際上就是「萬能金鑰」，或者也可以隨你高興稱為「阿拉丁神燈」。你還會發現，它就是一切善行福祉的基礎、必要條件和絕對法則。

我們只要思考正確、精準，就一定能明瞭所謂的「真理」。真理是奠定所有事業和社會關係的基礎法則，人必須先瞭解真理，然後才能做出正確的行為。認識真理、獲得肯定、贏來自信，就能獲得真正的滿足，這是一切其他事物無法相提並論的成就。在充斥懷疑、衝突和危險的世界中，它是唯一堅實的穩固基地。

認識真理就是與無限、全能力量和諧相處。因此，你若想認識真理，就得想辦法讓自己與無窮的全能力量連結，它有能耐掃除各式各樣的喧鬧與不和、懷疑與謬誤，因為「真理無所不能，戰勝一切。」

即使是一個欠缺智慧的人，只要他所採取的行動基於真理，就能準確預言其後果；反之，就算是天資最聰穎的人，即使他再學識淵博、明察秋毫，一旦他的希望建立在錯誤的前提之上，最終也會迷失方向，完全無法預測可能產生什麼後果。

所有無法與真理同步協調的行動，無論是刻意為之或者無心插柳，都會帶來喧鬧不協調，終將招致損失，其程度多寡取決於這項行動的程度和特性。

真理是「宇宙心智」至關重要的原則，它無所不在

若此，我們應該如何認識真理，以便接上與無限連結的機制？

倘若我們能體悟，「真理」就是「宇宙心智」至關重要的原則，而且無所不在，就能夠接上那個機制。舉例來說，你想要身體健康，你只需體認一個事實：內在的「我」具有精神屬性，所有的精神又都合而為一，部分即整體。這個認知將為你帶來健康的體魄，因為你體內每一顆細胞都會展現出你所認識的真理。假使你觸目所及盡是疾病，細胞就會彰顯疾病；但如果你看到完美體況，它們也就展現出完美的體況。**你若肯定自我地說：「我是完整、完美、強健、有力、熱情、和諧又快樂的人！」那麼你就會獲得和諧的境遇。**這是因為，這句話與真理密切一致，當真理現身，一切謬誤和混亂便因此消失。

你已經知道，「我」具有精神屬性，必然是絕對完美，因此，「我是完整、完美、強健、有力、熱情、和諧又快樂的人」這個主張絕對是符合科學邏輯的論述。

思想是一種心靈活動，心靈具有創造性，將這一點銘記在心，現實的境況就會與你的思想保持和諧一致。

倘若你要求財富，只要體認到，內在的「我」即是宇宙心智一部分，它又是全部的財富，而且無所不在，這個認識便能協助你實現、發揮吸引力法則，讓你能夠與敦促你

邁向成功的力量產生共鳴，並為你帶來與你宣稱的目標絕對一致的能力與財富。

「視覺化想像」就是你所需要的機制。「視覺化想像」和肉眼的「看」是完全截然不同的兩個過程。肉眼的「看」是生理行為，因此與客觀世界，亦即「外在世界」相關；但是「視覺化想像」是想像力的產物，因此也就是主觀世界，亦即「內在世界」的產物。因此，「視覺化想像」的產物便擁有生命力，得以使自身化為有形世界的實體。這套機制完美無瑕，是由全能偉大的造物主所創。但遺憾的是，操作這機制的人往往是生手或能力不足。不過所謂熟能生巧，只要勤加練習、下定決心，必能克服這個弱點。

假設你渴求愛，就請試著去理解：得到愛的唯一方式是付出愛。你給得越多，得到也就越多；而付出的唯一方式就是先讓它盈滿心中，直到自己成為一顆愛的磁石。獲得愛的手法將在其他週的課程詳加闡述。

如果有人已經學會把最偉大的精神真理與生命中的細微末節連結起來，就等於是找到解決所有問題的祕密。一個人越接近偉大的理念、偉大的事業、偉大的自然實物、偉大的人物，就越會受到啟發鼓舞，思想也就越發深刻。據說，每一位曾經接觸美國前總

宇宙法則 14

「愛」、「健康」與「財富」，是人類發展到最高層次、最全面的境界。宇宙的本質等同於「所有健康」、「所有財富」和「所有愛」。

統亞伯拉罕．林肯（Abraham Lincoln）的人都會不由自主地產生一股仰之彌高、望之彌堅的崇敬感。尤其是，當他們意識到自己正肩負著永恆真理的重責大任時，這種感覺更是分外強烈。

讓肯定自我的語言融入靈魂深處，直至潛意識

有時候，聽到有人正在實踐或檢測這些原則，或聆聽在自己的生活中付諸實現的人現身說法，你會得到不同的啟發和激勵。以下是已故美國密蘇里州基督教團結學校部長佛德列克．艾利亞斯．安德魯斯（Frederick Elias Andrews）在一封信中提出的真知灼見：

當時我大約十三歲，無意中聽到如今已故的T．W．馬希（T. W. Marsee）醫師曾對家母說：「安德魯斯太太，在下萬分抱歉，令郎毫無治癒可能。我自己的兒子也是因為同樣的病因過世。我嘗試過一切可能的方法，但終究藥石罔效、無能為力。我特別研究過這類疾病，因此知道令郎沒有機會可以痊癒。」

家母反問他：「醫師，倘使他是您的孩子，您會怎樣做？」對方回答：「我會奮鬥下去、絕不認輸。只要他一息尚存，我就要和疾病搏鬥下去。」

無論你渴望什麼目標，請當著他人面前斬釘截鐵地宣布它。

就這樣一場曠日費時的消耗戰開始了，期間我的病勢多次起伏，所有醫師都認為沒有治癒的希望，但他們還是善盡一己之力，不斷鼓勵、安慰我們。

然而，最終我們戰勝疾病。我也從一名弱小、萎縮、畸形、跛腳，而且只能手腳並用在地上爬行的孩子，茁壯成為強壯、挺拔、健康的男子漢。

我知道你一定很想知道我使用的祕方，我將盡可能簡單明瞭地告訴你。

我為自己設計了一句自我肯定句子，其中蘊含了我最需要的各種特質能力，然後我一遍又一遍地對自己說：「我是完整、完美、強健、有力、熱情、和諧又快樂的人。」我一直緊守著這個信念，絕不改變立場、絕不反覆，直到有一晚我從夢中醒來，聽見自己喃喃自語：「我是完整、完美、強健、有力、熱情、和諧又快樂的人。」這就是我每天清晨醒來所說的第一句話，也是每晚入睡前所說的最後一句話。

我不僅對自己說這句話，也分享給在我看來每一位需要這句話的人。我想要強調一點——無論你渴望什麼目標，請當著他人面前斬釘截鐵地宣布它，你們雙方都會因此受益。我們種下什麼因，就會收穫什麼果。假設我們廣散愛與健康的想法，它們也會反過來回報我們；但要是我們拋出恐懼、憂愁、嫉妒、憤怒、憎恨等想法，也肯定會在生活中親嚐同樣的惡果。

據說，人每隔七年就會煥然一新，但最近有一些科學家更指出，事實上我們每隔十一個月就會自我重塑一次。若此，我們每個人差不多都只有十一個月大；假設我們年復一年地把缺陷植入腦子裡，當然就不能怪罪他人，只能怪自己自作自受。

每個人都是自身思想的總和，若此，問題在於，我們如何才能只保存有益的思維、抵制負面的念頭？一開始，我們可能無法阻隔壞念頭闖入腦子裡，但可以學著拒絕接受它，唯一的方法就是忘掉它的存在——意思是，我們應該找出其他事物取代它們。在這裡，你預先準備好的肯定語就非常適合派上用場。

當憤怒、嫉妒、恐懼或擔憂等負面想法偷偷潛入心中時，請開始大聲說出你的肯定語。驅散黑暗的唯一武器就是光明、抵禦寒冷的唯一工具就是溫暖，唯有善才能驅除惡。就我自己而言，我從來就不曾從消極悲觀的想法獲得任何幫助。堅定主張一切光明美好的事物，如此一來，邪惡肯定自我退散。

——佛德列克・艾利亞斯・安德魯斯

如果你有任何想要的事物，最好的方法就是善用這句肯定語，不需任何改進修飾，請照本宣科使用這句話，將它融入你沉靜的靈魂深處，直到滲入潛意識中。如此一來，你就能隨心所欲地使用它，無論是在車上、辦公室裡還是在家中。這就是精神方法所具備的優勢，你隨時隨地都能應用。精神本來就是無處不在、永遠做好準備等你使用，你只需要真心體認到它的無所不能，並願意或渴望成為它善意的接受者。

如果我們的主導心態是力量、勇氣、慷慨和同情，我們就會發現，自己的周遭環境自然會排除與我們思想不合的條件，成為我們心靈狀態的映射；反之，倘若我們的主要心態是軟弱、尖苛、嫉妒與破壞，那麼環境也一定會原封不動地折射出來。

思想是起因，境遇是後果，這就是善惡起源的解釋。思想具有創造性，將會自動連結它的目標，這就是所謂宇宙法則、吸引力法則，也可說是因果法則。認知並運用這法則將決定一切的開端和結局，因為它就是世世代代的人類在祈禱過程中接受引導，深信不疑的法則。「照著你們所信的，給你們成全吧。」（譯註：《聖經》馬太福音9：29）這句話不過是另一句更簡短、更妥適的敘述方式。

我是完整、完美、強健、有力、熱情、和諧又快樂的人！

本週，你又離宇宙真理更近一步……

- 在心中常存你渴望的境遇，彷彿它已實現那般，肯定地說出你希望的狀況，堅定不移地信守它。
- 性格不是一朝一夕的產物，而是長期努力的結果。
- 所有無法與真理同步協調的行動，都會帶來喧鬧不協調，終將招致損失。
- 得到愛的唯一方式是付出愛。你給得越多，得到也就越多；而付出的唯一方式就是先讓它盈滿心中，直到自己成為一顆愛的磁石。
- 思想具有創造性，將會自動連結它的目標，這就是所謂宇宙法則、吸引力法則，也可說是因果法則。

心靈力量啓動練習 9

本週請視覺化想像一株植物。想像一朵你最喜愛的鮮花，引導它由隱不可見到清晰可見；將這顆小小的種籽種在土裡，澆灌它，細心照料它，然後將它放在陽光直射之處，觀察這顆小種籽萌芽成長。現在，它已經是活生生的植物，不僅生氣勃勃，也在尋求生存之道。看看它的根正向下延伸至土中；看看它的芽正在奮力對外伸展。也請記得不斷分裂再分裂的生命細胞，它們很快就會暴增至幾千、幾百萬顆，而且每一顆都聰明地知道自己想要什麼，又該從何處尋。看看它的綠葉向上、向前生長；看看它用力突破泥土表面；看看它分裂後形成分枝，而且每一枝都形成完美對稱的結構；看看它的葉子如何形成，然後抽出細微的莖桿，上頭都高舉一顆芽孢。當你看得目不轉睛時，花蕾就慢慢舒展開來，你最喜愛的花朵就此綻放在眼前。現在請聚精會神，你將會隱約聞到一股芳香氣味，那是花朵隨著微風輕輕搖曳散發的芳香，正是你的視覺化想像的過程產出的美麗創作。

一旦你可以讓視界變得清晰明朗，就能深入事物的本質，你所想像的事物將會變得異常真實。你將學會集中心神，無論你是聚焦思考健康、熱愛的花朵、一個理想、一套複雜的商業提案，或是任何其他生活中的問題，這個過程的演進都沒有什麼兩樣。

隨堂小複習

Q1 達成完美人生的必要條件為何？

A: 完美的行動。

Q2 每一項正確行動的先決條件是什麼？

A: 正確思考。

Q3 每一筆商業交易或社交往來所需要的基本條件是什麼？

A: 認識真理。

Q4 認識真理的結果為何？

A: 我們可以好整以暇地預測任何以真實為前提的行動所產生的結果。

Q5 基於錯誤前提所採行的任何行動結果為何？

A: 我們無法形成任何可能產出結果的概念。

Q6 我們如何認識真理？

A: 先體認一個事實，亦即，真理是宇宙的重要原則，因此無所不在。

Q7 真理的本質為何？

A: 屬於精神層面。

Q8 解決每一道問題的祕訣為何？

A: 應用精神真理。

Q9 精神方法有何優點？

A: 它們唾手可得，隨時可運用。

Q10 必要的要求為何？

A: 承認精神力量的無所不能，也承認自己渴望成為好處的接受者。

第 10 週

「種瓜得瓜」的因果法則

我的人生會不順利，
都是因為命運捉弄。
普通人
如果你體悟到因果法則，
就會知道問題的原因，
並找出解決方法。
心想事成
的幸運兒

來自「吸引力法則之父」的第10封信

如果你能融會貫通本週課程闡釋的觀念，你將學會「事出必有因」的道理，也就可以根據精準的知識制定計畫，並瞭解如何透過掌握「起因」，以便掌控一切狀況。當你如願以償地成為贏家，屆時就會清楚自己為何得勝。

一般人不瞭解事件因果的知識，因此往往會被自己的情緒或情感左右。他只會一味合理化自己的行為。倘若他經商失敗，就會推託時運不濟；要是不喜歡音樂，就說它是中看不中用的奢侈享受；如果他是個可憐兮兮的辦公室文書員，就會改口說自己更適合做外勤工作；假設他身邊沒朋友，就會自我安慰地說：「沒有人懂我。」

他從來不曾徹底地檢討問題。一言以蔽之，他根本不明白，所有結果都起因於特定的原因，但他只會抬出一大堆解釋和藉口自我安慰。他的心中滿是自我防衛的想法。

反之，一個人如果體悟到「事出必有因」的道理，他就會理智客觀地思考。他會不計後果，就是要深入事情的真相；他會不論代價，就是要追隨真理而行；他對問題看得清楚透澈，並充分、恰當地善盡本分。最終結果是，這個世界將會無私地反饋他友情、愛情、榮譽與讚許。

大自然的供給慷慨大方，一切財富都是力量的產物

富裕充足是宇宙的自然法則，可以證明這條法則存在的證據近在咫尺，隨處可見。大自然的供給總是慷慨大方、甚至奢侈到浪費的程度；大自然的豐盈在萬事萬物身上表露無遺；成千上萬的樹林、花朵、植物、動物，以及那永續運行、不斷進行著創造與再生的龐大繁殖體系，在在都意味著，大自然為人類準備的豐沛供給。很明顯的，大自然將富饒全數提供人類使用，但許多人視而不見卻也是事實。他們尚未參透，宇宙就代表一切物質，也還沒領悟到「心智能使我們得到渴望事物」的重要原理。

一切財富都是「力量」的產物，萬事萬物唯有獲予力量才有價值；事件唯有對力量發揮作用才意義重大；萬事萬物都在不同程度上代表不同形態的力量。

人類一旦認知掌理電力、化學與地心引力等法則的因果論，就能勇敢無畏地制定、執行計畫，這些法則被稱為「自然法則」，因為有形世界便是按照這些法則運行，不過並非所有力量都是有形世界的力量，也有心靈層次的力量存在，這股力量更富道德寓意、更屬精神範疇。

心靈力量相對崇高，因為它立足更高的層次。它可以敦促人類去發現、並理解驅策大自然神奇力量的定律，並轉化成一股運行的動能，為成千上萬人服務；它也讓人類得以發現超越時空的定律，並找出克服地心引力定律的方法。這套法則的運作之道取決於

精神聯繫，正如蘇格蘭的福音傳教士亨利·卓蒙德（Henry Drummond）恰如其分的比喻：

「正如我們所知，有形世界區分為無機物和有機物；屬於無機物的礦物世界與屬於有機物的動、植物世界毫無交集，也就是互通有無的管道牢牢封死了，雙方之間的障礙不容跨越。物質不容改變、環境不容改造，也沒有化學、電力與其他任何形式的能量，更別提任何形態的演化，足以為礦物世界裡一顆小小原子賦予生命的烙印。

「唯有當某種生命形態屈身以就這片死寂的世界時，這些死氣沉沉的原子才獲得生命的屬性。礦物世界若不與生命聯繫，永遠只能停留在無機層次。博物學家湯瑪士·赫胥黎曾說，唯有生物才能創造生物的生源論（Biogenesis）放諸四海皆準；愛爾蘭物理學家約翰·丁達爾（John Tyndall）也不得不同意：『我承認，沒有一絲確鑿證據可以證明，我們今日所能見到的一切現存生命與更早之前的舊有生命毫不相關。』

「物理定律或許可以解釋無機物，生物學可以闡述、詮釋有機體的進化發展，一旦論及生命和非生命之間聯繫的議題，科學便啞口無言。自然與靈性世界同樣也有一條相似的通道，在自然這一端已經被彌封，大門深鎖，誰也無法開啟；看不見有機體改變、精神能量、心靈力量，也絲毫沒有任何型態的進步，能夠驅使人類進入靈性世界的領域。」

不過，正如植物帶著生命之祕深入礦物世界裡，宇宙心智也採用同一方式翩然降臨人間，賦予人類各種新的、奇異的、美好的，甚至是難以想像的特質。所有在工業、商業或是藝術領域中立下輝煌成就的人，都是體驗過這個歷程才得以實現成就。

「無限」與「有限」、「宇宙」與「個人」的連結

思想是牽繫「無限」與「有限」、「宇宙」與「個人」之間的連結，我們已經知道，在無機物和有機物之間存在一道無法跨越的鴻溝，唯有生命絲絲注入，物質才會步步開展。當種籽把細根深入礦物質世界中，不斷伸展、蔓延，周遭毫無生氣的物質才開始乍現生機，就像是數千隻看不見的手指開始為這名陌生來客編織合適的環境。成長法則也開始發揮作用，我們看到這道過程持續不輟，直到這朵「百合花」成熟綻放，就連「所羅門在最榮耀的時候，他所穿戴的，還不如這花一朵」。（譯註：《新約》馬太福音6：29）

即使如此，當思想的種籽落在宇宙心智那一片孕育萬物的無形沃土中，然後開始生

心靈力量相對崇高，因為它立足更高的層次。它可以敦促人類去發現、並理解驅策大自然的神奇力量的定律。

根發芽，成長法則就開始生效，於是我們也跟著發現，一切環境和境遇都只是我們的思想展現於客觀環境的一種形式。

思想是一種活躍的動態能量，具有與目標連結，並引領生命能量從無形狀態轉化為有形物質的力量。這套法則正是體現一切事物的根源，也就是讓你得以進入最高權力中心的聖殿並「治理萬物」的「萬能金鑰」。一旦你領悟這套法則，就能達到「定意要做何事，必然給你成就」（譯註：《聖經》約伯記22：28）境界。

除此之外，沒有任何例外。倘若宇宙的靈魂一如我們所知，就是「宇宙精神」（Universal Spirit），那麼宇宙就單單是宇宙精神為自己創造的環境而已，我們也不過是被個體化的宇宙精神，正採用與祂相同的手法創造有助自身成長的生存環境。

這股創造性的力量端視我們對潛在的精神或心智力量有多少認知，請務必不要與「演化」混為一談。「創造」意指從無到有、無中生有，而「演化」就只是已存在的事物在展現其種種潛在的可能性而已。

當我們善用這套法則實現眼前這些驚人的潛在可能性時，請務必記住，我們本身其實沒有貢獻，套用一句大師所言：「我若行了，你們縱然不信我，也當信這些事，叫你們又知道又明白：父在我裡面，我也在父裡面。」（譯註：《聖經》約翰福音14：10）我們所能扮演的角色是一樣的，亦即我們對於「讓思想化為真實」這件事根本幫不上忙，我們只不過是遵從這道定律而行，孕育萬物那股精神力量就會帶來結果。

當代人類犯下的嚴重謬誤，就是認為自己必須具備足夠的智慧，無限的力量才能憑借這智慧達到某種特定的結果或目的。這種念頭毫無必要。我們可以倚賴宇宙心智找出實現一切所需的方法，但是在這個過程中，我們必須創造自己渴望的完美理想。

我們知道，掌管電力的法則是一股看不見的力量，它能以成千上萬種方式提供我們幸福和舒適的服務。我們知道，那笨重龐大的機器設備之所以能將訊息傳遞至全世界，都是因為電的緣故。但是我們也知道，不管是出於故意或無知去違反定律，去觸碰沒有絕緣處理的電線，其結果可是相當讓人不快甚至可能釀成巨災。同樣的道理，若不曾理解統治無形精神世界的法則，也可能產生類似的結果，有許多人因此而受苦。

有人會將因果關係法則解釋成極性原理，也就是說，兩者之間就像是有一條電路相通。除非我們與這套法則保持和諧圓滿的關係，否則這條線路無法接通。但除非我們理解法則本質，否則我們怎會知道應該如何保持和諧圓滿的關係？我們又該如何認識這套法則？答案是透過研究和觀察。

保持思想與無限心智同一頻率

這套法則的證據隨處可見——整個自然體系無聲、持續地在生長法則中彰顯自己，以證明這套規律運行無阻。凡有成長之處，就會有生命；凡有生命之處，就會有和諧。因此，每一種有生命的物質都會持之以恆地為自己尋找供應充足、適合的環境，以便盡可能完整地展現自己。

倘若你的思想能與自然的創造性原則保持和諧一致，那就能與無限心智同一頻率，並順勢形成一套電路，你的思想必當成就，不會無功而返。但很有可能你思考的念頭與無限步調不一致，如此一來便無法形成一套電路。若此，結果將如何？要是一具發電機正在產出電力，但電路卻遭斷線無法輸電，那會怎樣？整具發電機只得停止運轉。

同樣的道理完全可以套用在你身上。假設你懷抱的想法與無限不和諧一致，無法在宇宙和個人之間形成兩極，當然就不會有電流，於是你被絕緣斷線。你的這些想法會緊附你、駕馭你、煩擾你，最終還讓你疾病纏身，甚至可能致死。醫師可能無法如此精準地這樣診斷病症，他有可能只是從各種病名中挑一個來套在你的病症上，但這些病症其實起因都相同——都是「錯誤思想」的結果。

建設性的思想必定也具備創造性，但具備創造性的思想還需要和諧這個要素，這麼一來，它就能消滅帶有破壞性或競爭性的思想。

智慧、力量、勇氣和所有和諧圓融的條件都是力量發揮作用的結果，而我們也已經知道，所有力量都是由內而生。同樣的，匱乏、限制或不利的狀況都是軟弱所致，軟弱則是源於缺乏力量。軟弱來無影、去無蹤，無聲無形，唯一解方就是培養力量，而其實方法和開發所有其他能力的方法一樣，即勤加練習。

所謂練習就是善用你的知識。知識不會自己發生作用，得由你來應用。財富不會從天而降，也不會自動送上門來，但是**你若能自發自覺認識吸引力法則，並設定明確、具體的目標意識，然後帶著堅定意志力採取行動付諸實現，大自然的吸引力法則就能促使你夢寐以求的願望真正落實。**假設你經商，這套法則將使你原有的通路更加發達，也為你打開全新的配銷通路；一旦這套法則運行無礙，你會發現自己在尋求的東西其實也正在尋找你。

> **抱持與無限心智和諧一致的想法，你的思想必當成就。**

本週，你又離宇宙眞理更近一步……

- 一般人不瞭解事件因果的知識，因此往往會被自己的情緒或情感左右；一個人如果體悟到「事出必有因」的道理，他就會理智客觀地思考。
- 富裕充足是宇宙的自然法則，大自然的供給總是慷慨大方、甚至奢侈到浪費的程度。
- 思想是一種活躍的動態能量，具有與目標連結，並引領生命能量從無形狀態轉化為有形物質的力量。
- 我們可以倚賴宇宙心智找出實現一切所需的方法，但是在這個過程中，我們必須創造自己渴望的完美理想。
- 建設性的思想必定具備創造性，創造性的思想還需要和諧這個要素，這樣它就能消滅帶有破壞性或競爭性的思想。

心靈力量啓動練習10

本週，請坐在你平常做練習的位置，然後挑選牆上一處空白或是任何方便的區塊，接著在心中冥想你正在牆壁上畫出一條大約十五公分的黑色橫線，請試著看清這條線，宛如它真的畫在牆上一樣。現在，想像你在橫線兩端畫出兩條垂直線，然後再畫一條橫線連接兩端。這樣你就得到一個正方形。試著讓自己清楚「看見」這個正方形，然後在正方形內部畫出一個圓。現在，請在圓心處畫一個點，然後用意念將它移到眼前大約二十五公分處。現在，你得到一個墊在正方形上的圓錐體。你的圓錐體原本是墨黑色；試著把它變成白色，然後紅色，再來是黃色。

如果你能一一辦到，那就表示你進步神速，很快就能夠做到聚焦思考各種問題了。

隨堂小複習

Q1 財富是什麼的產物？

A: 財富是力量的產物。

Q2 你所擁有的東西，在何種狀況下才具有價值？

A: 持有的東西唯有在產生力量時才有價值。

Q3 理解事件因果的知識，可以帶來什麼好處？

A: 能夠讓人們勇敢計劃、大膽執行。

Q4 生命如何發源於無機世界？

A: 唯有導入某種生命形態，原本無生命的原子才會獲得生命力。

Q5 有限和無限之間的連結為何？

A: 思想是連接的橋樑。

Q6 （承上題）何以如此？

A: 因為宇宙必須藉由個人才能成為實體。

Q7 因果關係的基礎是什麼？

A: 極性；宇宙是正極，而個人是負極，思想則是電路。

Q8 為什麼許多人無法進入與宇宙協調一致的狀態？

A: 因為他們不理解這套法則；若沒有極性，他們就無法形成電路。

Q9 （承上題）解決之道為何？

A: 自發自覺地認識吸引力定律，同時為了某個明確的目的，而希望這個定律運行，並下定決心要實現目的。

Q10 （承上題）結果將如何？

A: 思想將會與目標相連結，並讓它體現成形，因為思想是充滿靈性的人類的特有產物，精神則是宇宙的創造性原則。

第11週

釋放你的想像力

為什麼你們這些幸運兒
都能心想事成？
普通人
當我們堅信自身渴望已然實現，
宇宙就會讓它真正實現。
心想事成
的幸運兒

來自「吸引力法則之父」的第11封信

真實存在的恆定法則統治你的生命，無論何時、何地，它的運作永不停歇。恆定法則是人類所有行為的基礎，因為如此，那些掌控龐大事業體的企業家才有能耐帶著絕對的精準度，在任何既定情況下判斷每十萬人中有多少百分比的人會做出某種特定回應。

不過請千萬記住，無論是哪一種「果」，總是會有相應的「因」；而且這個「果」會再反過來變成「因」，從而導致下一個「果」，並繼續讓這些「果」再度演變成另一個「因」。所以，當你要開始運用吸引力法則時請務必記住，當下你正在啟動一長串的因果關係鏈，它可能會產生理想結果，但也可能出現其他各種不勝枚舉的可能性。

我們時不時會聽到別人這樣講：「現在我的生活真是一團糟，一點都不是當初想像的景況。」我們都忘了，正如心靈世界裡「同類相吸」的特性，我們的思想會為我們帶來同性質的友誼和情分，這些關係接著會影響到日後的境遇和環境，然後它們又都會反過來成為我們抱怨當下生活的緣由。

思想在哪裡，存在就在那裡

歸納推理是客觀心智能力之一，我們得相互比較許多獨立的事例，然後從中梳理出引發它們的共同原因。

歸納法就是相互比較的過程，人類正是善用這套研究方法才得以發現大自然的統治法則，它象徵人類歷史劃時代的進步。

歸納法也是迷信與智慧的分際線，以法則和確定性去替代、消除人類生命中各種變化多端的元素。

瞭解這個原理之後，人類原本習以為常的世界發生了革命性的巨變——人們發現太陽其實是靜止不動的，原本認為扁平狀的地球其實是圍繞著太陽運行的球體；人們發現從惰性物質中可以分解出活性分子；人們發現當我們使用望遠鏡或顯微鏡，無論是浩瀚宇宙或是細小的角落，觸目所及之處都充滿了宇宙的力量、動能與生命力，我們不禁想問：「究竟是什麼手段和方法，能使這精細的宇宙型態中的物體井然有序、自我修正？」

正如磁力「同性相斥，異性相吸」的特性，這種特性會使相同的磁極互相排斥、無法接近，這種現象便足以說明，為何星球之間、人際之間，兩道力量之間總是會彼此保持一定的距離；反之，正如異性相吸、酸鹼中和、供需互補的道理，性情不同、才能相異的人多半可以相互吸引、互補有無。

我們的雙眼四處梭巡後歡喜接受的顏色，多半是和當前色彩互補的顏色。同理，我們的需求、嚮往與渴望通常也都是依循著這個模式引導、決定自身的行為。

得以明白這套原則並據此行事，可說是老天對人類的厚愛。法國古生物與比較解剖學家喬治．居維葉（Georges Cuvier）在一頭已經絕種的動物骸體中看到一顆牙齒，進而從中發現，這顆牙齒為了善盡自身功能，需要牠的全身骨架與肌肉與之互相匹配。正是這顆牙齒讓居維葉有了依據可以重建這隻絕種動物的骨架。

法國數學家奧本．尚．約瑟夫．勒威耶（Urbain Jean Joseph Le Verrier）觀察到，天王星的運動軌道偏離，因此需要在太陽系的某個確定位置中找到另一顆行星，以便維繫太陽系運行的秩序，海王星因而出現在預定的時間和地點。

不管是動物的本能需求，或是居維葉在知識上的渴望，其本質是類似的，因此有了上述結果。思想出現在哪裡，存在就會在那裡。大自然複雜的運行之道背後，必定存在著符合法則的正當需求與意念。

當我們正確地記錄大自然提供的答案，藉由日新月異、無邊無際的科學發展，並懂得善用推動地球運轉的槓桿時，我們意識到自身與外在世界之間，存在著如此緊密、多變、深入的聯繫關係，我們瞭解到自己的需求與目的，與宏大的宇宙運行息息相關，就和公民的生命、自由、幸福全繫於政府存在一樣。

個人利益是由國家力量加上自身力量維護，因此他的需求在某種程度上取決於一定程度的供應量是否普遍、穩定。同理，「大自然共和國」自發自覺的公民也會與更崇高的力量結盟，進而保護我們無須受到低層介質干擾煩憂。大自然訴諸於阻力物理、化學介質之間相互吸引或排斥的基本法則，合理分配人類與外部世界之間相互作用所需要的勞動力，以便最妥善地實現創造者的意圖。

倘若古希臘哲學家柏拉圖可以借力攝影師的作品觀察太陽工作的場景，或是善用歸納法思考出一百幅類似的畫面，或許就能回想起其導師所傳授的智慧雋語，而且他的心中可能還能夠描繪出一幅樂土願景——在這塊樂土中，所有人工、機械式的勞力和重複性的工作都指派給大自然的力量完成，至於自我的渴望，只需要啟動意念，再加上推動精神運作就可以完成。只要有需求，就有足夠的供給。

無論這個境界看似多麼遙遠，在歸納法的引領下，人類大步前進，並獲得各種好處的反饋，這些好處一方面可說是回報過往的忠誠表現，另一方面則是激勵未來繼續勤懇耕耘。

宇宙法則 17

當你要開始運用吸引力法則時請務必記住，當下你正在啟動一長串的因果關係鏈。

它也有助我們集中、增強自身能耐，獲取那些尚待採擷的成果；更有助我們發揮心靈最純粹的形式，以便找到解決個人和宇宙一切問題的答案。

相信自身的渴望已然實現

我們在此找到一個方法，其中的核心精神便是：「不論要實現什麼，首先要相信自己已經實現了想要追求的那個目標。」這個方法是柏拉圖遺愛人間的寶貴資產，這位作古多年的賢者恐怕萬萬想不到他的理念竟會成真。

通行靈界的瑞典科學家伊曼紐．史威登堡（Emanuel Swedenborg）在他的學說裡也詳加闡述這個理念；此外，另一個地位更崇隆的導師也曾說過：「凡你們禱告祈求的，無論是什麼，只要信是得著的，就必得著。」（編按：《聖經》馬可福音 11：24）值得留意的是，這段話各段落使用的時態是現在式。

首先我們得相信，自身的渴望已經實現，如此就必然會看到渴望實現。**若想善用創造性能量，可依循一條明確的路徑，那就是把我們渴望的某一項特定事物視為已經存在的事實，令它在宇宙主觀心智裡烙下印記。**

如此一來，我們就可以立足絕對的角度，跳脫表象去深入思考，並消除一切關於條件或限制的顧慮；我們也就是在土壤中種下一顆種籽，只要不揠苗助長，終有一天它會發芽長大，結出外觀碩大的果實。

複習一下：歸納推理是客觀心智運作的過程，我們得相互比較許多各自獨立的事例，然後從中梳理出引發它們的共同原因。我們目睹，地球上每一個文明國家中的人民都是透過某種方式獲取成果，但他們自己卻渾然不覺，因而常常為這些成果添加上一些神話色彩。我們打算找出箇中原因，目的就是探求這個能夠使結果得以實現的法則。

我們可以從少數幸運兒身上目睹這套思考進程如何進行，因為他們不費吹灰之力就能得到其他人必須千辛萬苦才得到的成就；他們總是走在正確道路上，因此從來不需要在內心自我交戰；他們總是圓融機智，因此行為舉止總是發乎情、止乎禮；他們學習總是輕而易舉；無論投身什麼事業總能很快就上手；與自身保持著一貫和諧，從來毋須反思自身作為，也不必備受困難或辛勞考驗。

這種思想產出的果實確實是上帝恩賜，但鮮少人意識、領悟並珍視這項恩賜。人類的心智唯獨在天時、地利、人和俱足的條件下才能擁有這股神奇的力量，並用以引導協助解決人類的所有問題。因此，認識這股力量並明白這項事實，對人類而言具備極重要的意義。

無論是套用現代的科學術語闡述，或是端出使徒時代的語言解釋，所有真理的本質從未或變。有些人就是拉不下臉承認：要完整地描述真理，其實需要不同的陳述。也就是說，沒有任何一條人類公式，可以表述真理的完整面向。

人們只要聽到與他們所認知的真理不同的新穎闡述或陌生觀點，就會認為這些背離了真理。事實並非如此，這顯示真理與人類的需求之間正在重塑新關係，而真理正漸漸為外界理解，也越來越廣為人知。

要將真理傳遞給不同時代、告訴不同人時，需要使用迥異於前的表達方式。正如偉大的導師所說的：「凡你們禱告祈求的，無論是什麼，只要信是得著的，就必得著。」或是使徒保羅所指出的：「信，是對所盼望的事有把握，對看不見的事有確據。」（編按：《聖經》希伯來書 11：1）也或者是現代科學闡明的道理：「吸引力法則就是聯繫思想與目標的法則。」當你深入研究分析每一種說法，就會發現其中都蘊含相同的真理，唯一差異就是表達方式各有不同。

我們正置身新時代的十字路口。人類已經掌握了控制權的奧祕，邁向嶄新社會秩序的道路已然鋪平。此際正是採取行動的最佳時刻。現代科學和神學之間互有衝突、比較宗教學研究崛起、新型態社會運動蓄積巨大能量，所有這一切都在為即將到來的新秩序掃清路障，它們也許在過程中摧毀了一些傳統中陳舊迂腐的形式，卻保存其中的精華部分。

從自我沉思出發，具創造力的智慧將因此而生

一個全新信仰已然誕生，它正召喚全新的表達形式，而且這種信仰需要我們透過靈性活動，獲得對力量的深入領會，以便讓它化為實體。

這股精神原本休眠於礦物質中、呼吸於植蔬中、運行於動物體內，並在人類心靈中攀抵高峰，它就是宇宙心智，使我們得以跨越「存在」與「行為」、「理論」與「實踐」之間的鴻溝，而方法就是充分理解上天所賦予自己的掌控權。

自古至今，有史以來最偉大的發現就是思想的力量。儘管這項重要發現尚未達成普遍共識，但正在被所有人理解並接納，而且也已經在每一門研究領域中日益彰顯。

於是你想問：「思想的創造力是由什麼物質組成的？」答案是具有創造性的理念，它們會反過來調撥、發明、觀察、辨識、發現、分析、控制、管理、結合諸多手段與力量。之所以具有上述能耐，全是因為思想是一種富有智慧的創造力。

當我們遁入思想的神祕國度，它的最崇高活力也就隨之迸發；當思想衝破自我局限

宇宙法則 18

沒有任何一條人類公式，可以表述真理的完整面向。

的藩籬，通過一道又一道真理試煉，就會進入永恆之光的領域。在此，所有當下、過往與未來的事物都將交融為莊嚴和諧的整體。

從這個自我沉思的過程出發，具有創造能力的智慧將因而誕生，它能超越任何元素、力量或法則，因為它能領悟、管理並運用各種元素、力量或法則來實現目標，也因此，它終將得以擁有一切。

智慧誕生於理性萌芽之際，理性不過是我們深入瞭解事物本質的知識和原理所獲得的領悟。因此，智慧是經過闡明的理性，這種智慧有能力引導人類走向謙卑，因為謙卑便是集智慧之大成。

我們都知道，有許多人實現看似不可能達成的成就，也有許多人實現自己一生渴望的夢想，更有許多人改變包括自己在內的萬事萬物——他們的成功就是這股無堅不摧，而且有求必應的宇宙力量的彰顯。過去我們因為不瞭解而將之視為奇蹟，但如今一切都明朗了，我們應該付諸行動的就是，領會那些明確無誤的基本法則，然後合情合理地善用它們。

相信，帶來無窮力量。

本週，你又離宇宙眞理更近一步……

- 我們的思想會為我們帶來同性質的友誼和情分，這些關係接著會影響到日後的境遇和環境。
- 大自然複雜的運行之道背後，必定存在著符合法則的正當需求與意念。
- 不論要實現什麼，首先要相信自己已經實現了想要追求的那個目標。
- 自古至今，有史以來最偉大的發現就是思想的力量。
- 智慧是經過闡明的理性，這種智慧有能力引導人類走向謙卑，因為謙卑便是集智慧之大成。

心靈力量啓動練習 11

本週，你的作業就是體悟這句《聖經》中的智慧語錄：「凡你們禱告祈求的，無論是什麼，只要信是得著的，就必得著。」請留意，這句話點明沒有任何限制，所謂「無論是什麼」就已經說得非常明確，而且也充分表明，唯一限制自身能力的元素就是我們是否有能力掌握思想、把握機會、應對一切情況。請謹記，信念不是若隱若現的陰影，而是真切的實際存在，「信是對所盼望的事有把握，對看不見的事有確據。」

隨堂小複習

Q1 何謂「歸納推理」？

A: 「歸納推理」是客觀心智運作的過程，我們相互比較把許多獨立的事例，然後從中梳理出引發它們的共同原因。

Q2 這種學習方法，帶來了那些結果？

A: 我們得以發現大自然的統治法則，它象徵人類歷史劃時代的進步。

Q3 什麼力量指導、決定一個人的行動？

A: 一個人的需求、嚮往與渴望會引導、決定一個人的行為。

Q4 任何問題最適當的解決方案是什麼？

A: 我們要先相信自身的願望已經實現，這樣它就會真的實現。

Q5 哪些偉大導師主張這個方法？

A: 耶穌、柏拉圖、瑞典科學家史威登堡都主張這樣的方法。

Q6 這個思考過程能帶來何種結果？

A: 我們立足絕對角度深入思考，並在土壤中種下一顆種籽，只要不揠苗助長，終有一天它會發芽長大。

Q7 為何這個思想過程在科學上準確無誤？

A: 因為它就是自然法則。

Q8 何謂信仰？

A: 「信，是對所盼望的事有把握，對看不見的事有確據。」

Q9 何謂「吸引力法則」？

A: 讓所信之事化為有形實體。

Q10 瞭解「吸引力法則」對一個人有什麼重要性？

A: 它可以消除人生中各種不確定性與無常，並以法則、理性與確定性取而代之。

「請在我身上增添發掘我真實興趣的智慧，
加強我依著那智慧去完成的決心。」

——富蘭克林

第12週 專注的神奇效應

我對好多事都有興趣，
卻總是樣樣鬆……
專注於特定的目標，
你的理想必須鮮明、
清晰、確切。
普通人
心想事成
的幸運兒

來自「吸引力法則之父」的第12封信

謹隨函附上第十二週課程。在第四段你會讀到這句聲明：「首先就是要瞭解自己的力量；其次就是要有挑戰的勇氣；第三便是要產生付諸行動的信心。」倘若你專注深入探究這些文字中要傳達的想法，全神貫注，你將會發現領悟每一句話中隱藏的深意，並開始吸引與它們和諧一致的想法，很快的，你就能掌握這些知識的真正意義。

知識無法應用自身，身而為人類的我們就必須將知識付諸應用；所謂應用就是要有一個明確的目標，以提供思想茁壯成長的養分。

許多人行動時漫無目標，因此浪費大量的時間與想法，要是他們能有個特定目標，然後把時間跟思想引導到這個願景的話，就可以創造出神奇的成果。你若想做到這一點，就必須集中自身的精神能量在某一特定想法，心無旁騖排除一切雜念。如果你曾經透過照相機的鏡頭看出去就會知道，倘若沒對準焦距，物體影像就會顯得模糊不清；若是調整好焦距，影像就會即刻變得清晰明朗。這個案例說明專注的力量之強大。除非你能專注於眼前的目標，否則就只看得到矇矓、差勁、模糊、不真切又髒污的輪廓。這樣的精神景象，也將影響你在有形世界中所能得到的結果。

鮮明清晰的理想，是心想事成的前提

只要能對思想的創造性力量進行有系統的理解，就能完美實現人生中的所有目標。思考的力量人人皆有，人之所以為人，就是因為能夠思考。人類的思考力無窮限，因此創造力量也無遠弗屆。

儘管我們已經知道，思想會為我們打造出所思考的事物，拉近我們與目標之間的距離，然而另一方面我們還是會發現，驅逐恐懼、焦慮或沮喪等情緒有其困難，因為它們同樣具備強大的思想能量，不斷地把渴望的目標推離我們身邊，以至於我們經常前進一步、倒退兩步。

唯一可以阻止我們開倒車的方法就是持續向前邁進。**成功的代價就是要永遠保持清明警醒。當中包含三大必要步驟，每一步都至關重要：首先你必須瞭解自己的力量；其次就是要有挑戰的勇氣；第三便是要產生付諸行動的信心。**

以這三個步驟為基礎，你就能為自己打造理想的事業、家庭、朋友及環境。你不會受限於材料或成本的限制，因為思想本身無所不能，有能力為自己從宇宙的無限儲藏中提取所需要的一切材料。因此，無限資源全都在你的掌握中。

不過，你的理想必須鮮明、清晰、確切。倘若你今天想著某個理想，明天又蹦出另一個理想，到了下星期再冒出第三個理想，這便意味著你只是在虛耗力量，結果一事無成；你所得到的成果就是毫無意義、混亂不堪的集合體。

遺憾的是，許多人都走向這種後果，箇中原因自是不用多說。倘若一名雕塑家手中握有一塊大理石和一把鑿子，開始幹活以後卻每十五分鐘就改變一次心意，最終他會雕塑出什麼玩意兒？同理，你現在用來塑造的素材正是天地間可塑性最強、最偉大的唯一真實素材，如果你拿不定主意變來變去，結果和前述雕塑家又有何不同？

這種優柔寡斷、消極負面的思想，多半會帶來物質財富損失的後果，導致自己花費多年辛勞和努力才建立的自主性轉瞬間化為烏有。這時你往往才看清楚，金錢和財富不足憑恃；反之，全世界唯一可以倚賴的能力就是實際運用思想的創造力。

唯有當你理解，自身能夠擁有的唯一真實力量就是調整自己，使自己與神聖、不變的原則協調一致，這時才能掌握實際應用的方法。你無法改變無限，但可以敦促自己認清何謂自然法則，屆時你所得到的回報便是充分明白自己擁有一股能力，得以調整自己的念頭以便適應無所不在的宇宙思想。你將擁有與全能力量協調合作的能力，它將預示你未來有可能取得何等成就。

跳脫對思想力量的曲解，遠離危險的侵害

有許多魚目混珠的贗品妄想取代思想的力量，它們或多或少能讓人心醉神迷，但後果卻往往是有害無益。

當然，擔憂、焦慮與恐懼等負面想法也會產生各種形形色色的後果，緊抓住這些想法不放的人將會自食惡果。

除此之外，還有一批喜好研究「靈異現象」的人會竭盡所能地尋求一些在降神會上獲得的所謂證據、神蹟等，他們完全敞開心靈大門，任由自己耽溺在具有強烈毒害作用的心靈世界能量流中，卻不明白其實這是一種讓他們變得消極、服從、被動的力量，還會因此讓自己深陷其中不可自拔，最終結果是精神耗盡，元神大傷。

也有一批印度教崇拜者在所謂「大師」表演的顯靈現象中看到一股力量之源，但是他們若非完全忘記，就是從未體認，在那些現象中，一旦將意念抽離，它的形式也會隨之委靡，原本盈滿其中的能量也會在轉瞬間消逝。

更有不少人熱中「心電感應」，或說是「傳心術」，不過，對於心電感應的接受者來說，這種做法對精神帶來的影響有害無益。一個想法可能跟著意念傳達到對方的耳中

宇宙法則19

金錢和財富不足憑恃；全世界唯一可以倚賴的能力就是實際運用思想的創造力。

或眼中，但它會帶給對方傷害，因為其中涉及的精神原則本末倒置。

在多數情況下，催眠術對接受者與執行者來說同樣危險。任何深諳精神法則的人都不會想要控制他人的意志力，因為他要是這樣做的話，就會逐漸喪失自己所擁有的力量。

上述思想力量的曲解都具備暫時性滿足的特點，甚至還可能提供一定的媚惑力，但是唯有真正領悟內在力量世界才能感受到更偉大的無限魅力，這股力量會隨著經常使用而持續成長。它將永恆存在，而非稍縱即逝；它不僅可以發揮補救功效，矯正以往錯誤思想的結果，也能帶來預防作用，保護我們免受各種形形色色危險的侵害；最後，它也是實際存在的創造性力量，我們借助這股力量便可為自己創造全新的環境和際遇。

這個法則的內容是，人的思想會與其目標彼此吸引連結，因此在精神世界中思考或產出的念頭，便會在物質世界中一一對應實現。這時我們會從中領悟到：人必須知道他的每個思想中都埋藏著真理的種子。唯有透過這樣的認知，成長法則才能將這些種子化為各種真善美，因為真善美本身就具足一切永恆的力量。

這條賦予思想動態的能量，好讓它與目標相連，並因此掌控一切不利人類經驗的法則即「吸引力法則」，它是永恆的基本法則，內蘊於萬物之中、存在於一切哲學體系、一切宗教、一切科學中。萬事不離這條愛的法則。它是賦予思想活力的情感，而情感就是渴望、渴望就是愛。在愛中孕育而生的思想將會所向無敵、百戰百勝。

在寂靜的境界中與吸引力法則連結

我們發現，無論在何處，只要瞭解思想的力量，真理就得以強化。宇宙心智不僅是智慧，也是構成萬物的基本元素，這種元素會依循吸引力的定律，透過吸引力聚集電子形成原子，而原子也會依循同樣法則聚在一起形成分子，最終分子也一樣比照辦理形成外在世界的有形實體。由此我們發現，愛的法則是每一種現象背後那一股創造性力量，不僅創造一顆顆原子，也創造出整個世界、整個宇宙，以及想像力所能賦予形態和觀念的萬事萬物。

正是因為這條神奇的吸引力法則運行如常，使得世世代代的人類始終相信，冥冥中似乎有什麼人格化的存在，可以回應人們的祈求和心願，並掌控大大小小事件，以便應允人們的需求。

思想一旦與愛結合就會形成沛然莫之能禦的力量，這股力量就是吸引力法則。所有自然界的法則都不可抗拒，無論是重力法則、電力法則或其他法則，都具有一如數學般的精確度。自然界的法則從未改變，只不過傳布力量的管道可能不夠盡善盡美。好比倘若一座橋崩塌了，我們不能把它歸咎於重力法則發生改變；若是燈泡不亮，我們也不能擅自歸納出電力法則不再可信的結論。同理，如果吸引力法則在沒有經驗或一無所知的人身上無法發揮作用，我們也不能就此質疑這條最偉大、最正確，且整個創造體系都賴以為生的法則。反之，我們應該明瞭，自己理解這道法則的程度尚猶不足，就好比我們計算一道數學難題時，並非總是可以迅速、輕易就得出正確答案。兩者道理相通。

所有事物都是先在精神或心靈世界中創造而成，繼之才會透過行為或事件展現在外在世界。今日，我們透過一些簡單過程來控制思想的力量，就是在協助創造即將發生在明天或未來生活中的事件。我們若想在行動中落實吸引力法則，最有效的方法就是產生有憑有據的渴望。

人類有一個特點：必須先創造出工具或器械，然後才能善用這項工具獲得思考能力。倘使我們的大腦中沒有可以和全新的理念發生共振的腦細胞，思想肯定就不會接受這道理念。這就是為什麼我們總是很難接受或認可一個全新理念的真正原因。正是因為我們的大腦缺乏可以接收的細胞，因此才會產生懷疑，我們才會不相信它。

由此可知，要是你至今尚不瞭解吸引力法則的全能力量，也不明白它運作的科學方法，又或者你根本不知道無限可能性的大門全然洞開，任由所有能夠善用資源的人予取予求，那麼不妨就從現在開始，自發性創造出必要的腦細胞，讓自己也能親炙這股無限力量。只要你能與自然法則協調一致，這一股力量就會屬於你。你只需專心致志或聚精會神就能辦到。

人的意念決定其注意力之所在，心靈靜止於一處才能產生力量。你只要集中意念，所有深入思想、睿智談吐和各種高度潛能都會發揮得淋漓盡致。

你會在一片寂靜中與潛意識那無所不能的力量建立聯繫，一切力量都是源於「靜」的狀態。

任何渴求智慧、力量或永恆成就的人都可以在內心世界找到答案。缺乏思考能力的人可能會以為，寂靜的境界輕而易舉就能實現，但請務必記住，唯有在絕對寂靜的狀態下才能夠觸及神聖本身，也才能領悟永恆不變的法則。你若能聚精會神、堅持不懈練習，就能為自己打開通往完美的大門。

唯有在絕對寂靜的狀態下，才能領悟永恆不變的法則。

本週，你又離宇宙真理更近一步……

- 只要能對思想的創造性力量進行有系統的理解，就能完美實現人生中的所有目標。
- 唯有當你理解，自身能夠擁有的唯一真實力量就是調整自己，使自己與神聖、不變的原則協調一致，這時才能掌握實際應用的方法。
- 人必須知道他的每個思想中都埋藏著真理的種子。唯有透過這樣的認知，成長法則才能將這些種子化為各種真善美，因為真善美本身就具足一切永恆的力量。
- 我們若想在行動中落實吸引力法則，最有效的方法就是產生有憑有據的渴望。

心靈力量啓動練習 12

本週，請前往同一空間，端坐在同一張椅子上，並保持一貫同樣的姿勢。請務必放鬆，讓心靈和肉體都保持自然的狀態。每次練習都要放鬆，千萬不要試圖在壓力下展開任何精神之旅，切記要讓神經和肌肉保持放鬆狀態，讓自己感覺舒適。現在，請意識到自己與全能的力量和諧一致，然後與這股力量建立聯繫，並深刻領悟、理解、感知這個事實——你的思考力就是你作用於宇宙心智並使它化為實體的能力；請體認到它有能力滿足你所有的要求；請明白你與任何人已經擁有或可能擁有的潛力完全一模一樣，因為任何個體都只不過是宇宙整體的彰顯或體現，全都是整體的組成部分，在型態和特質上並無不同，唯一差異僅僅是程度有別而已。

隨堂小複習

Q1 如何才能實現生活中的任何目標？

A: 只要能對思想的創造性力量進行有系統的理解，就能完美實現人生中的所有目標。

Q2 有哪三大必要步驟？

A: 瞭解自己的力量、有挑戰的勇氣、有放手一搏的信心。

Q3 這類務實的工作知識從何而來？

A: 經由對大自然法則的理解。

Q4 理解這些法則有何回報？

A: 會產生一種認知，知道我們擁有調整自己與神聖、不變的原則協調一致的力量。

Q5 我們所能獲得的成功取決哪個要素？

A: 一個人能與無限力量合作的程度，決定他所能得到的成功。

Q6 賦予思想活力的原理為何？

A: 吸引力法則。吸引力法則有賴共鳴，共鳴則倚賴愛的法則。在愛中孕育而生的思想終將百戰百勝。

Q7 為什麼這法則不可抗拒？

A: 因為它是自然法則。所有自然界的法則都不可抗拒、無可改變，而且具有一如數學般的精確度，沒有絲毫偏差或變化。

Q8 若此，為何有時似乎很難找到解決生活難題的方法？

A: 因為當事人毫不知情或欠缺經驗。就和我們計算一道數學難題時，並非總是可以迅速、輕易就得出正確答案。兩者道理相通。

Q9 為什麼有時心智無法掌握一個全新想法？

A: 我們的大腦中沒有可以和全新理念發生共振的腦細胞。

Q10 人要如何才能獲得智慧？

A: 透過「專注」；智慧源於自身內部。

第 13 週

改變意識，夢想成真

我該怎麼做才能改變
捉襟見肘的生活呢？
普通人
不要去想你的貧困，
一心想著財富，
你終將獲得財富。
心想事成
的幸運兒

來自「吸引力法則之父」的第13封信

我們正置身於物理科學發展蓬勃、充滿發明創造的美好時代，而靈性科學才正蓄勢待發，誰也無法預測未來的可能性。

靈性科學自古一向被貼上神祕的標籤，是那些迷信、未受過教育的人的玩物，不過現代人已經開始對各種明確的方法和已獲證明的事實感興趣。我們已經明白，思想是一種精神過程，在行動和事件發生之前，必須先有願景與想像，夢想家的時代來臨了。

美國政治科學家赫伯特．考夫曼（Herbert Kaufman）說過一段話，他以有趣的說明如此形容夢想家：「他們是偉大的建築師，他們的願景深藏在靈魂之中，他們的雙眼則看穿懷疑的紗幕和薄霧，突破未來時間的城牆。裝甲的車輪、鋼筋的拖痕與鉸緊的螺絲，都是他們用以編織神奇魔毯的梭針。他們是帝國創建者，總是為了比皇冠更偉大、比皇位更崇高的目標奮力戰鬥。你的住所建立在夢想家所發現的國土，壁上懸掛的圖像來自夢想家靈魂中的願景。他們是精挑細選的少數幸運兒，是引路者。城牆會崩塌、帝國會崩壞，大海波浪潮起潮落，撕扯岸邊城堡的岩塊城磚，破爛城堡隨著時間消逝一一傾毀，唯有夢想家親手創造的一切得以留存。」

接下來第十三週的課程會告訴你為何夢想家終將圓夢，文中將闡釋所有夢想家、發明家、作家、金融家成功逐夢的因果法則，詳述它如何促成我們心智描繪的精神圖景化為現實，為我們所擁有。

熟知思想的創造力，讓人無所不能

當今的科學界傾向透過解釋罕見的例外事件來進行「概括化」，以說明解釋各種日常事件。例如，火山爆發呈現了地球內部的熱能運動，正是緣於地球內部的熱能運動，才會形成現在的地表外貌。

同理，閃電現象也代表一種經常改變無機世界的微妙能量。或許也可以這樣比喻，某一種已經消亡的古老語言可能曾經一度風行某個國家，或是西伯利亞發現一顆巨齒、在地球深處找到一塊化石等，這些事跡不僅僅記錄了過往的歲月變遷，也同樣解釋了今日我們居住的山陵、河谷發源地。

針對罕見、陌生或特殊例外的事實，我們採用概括化的方式，就好比手握指南針，讓它引導我們歸納科學的全體發現。

這套方法立足於推理和經驗的基礎，因此可以打破迷信、常規與先例。

十七世紀的英國哲學家法蘭西斯．培根（Francis Bacon）爵士首推這套研究方法，幾百年來文明國家的物質繁榮、知識進步大多歸功於此。它淨化我們心中狹隘的偏見、根深柢固的執迷念頭，比最尖銳嚴苛的冷嘲熱諷還要有成效；它揭示令人目瞪口呆的實驗結果，而非咄咄逼人地批判無知，因此得以成功地將人們的目光由天堂轉移至地上；這種方法把最新穎、最管用的發現結果公諸於世，而非高談闊論我們腦中原本就固有的理念，反而能更有效地傳授我們發明創造的本領。

培根的手法成功捕捉偉大古希臘哲學家的精神，並套用全新時空賦予的全新觀察方式，使這種方法發揚光大。由此，上自天文學無垠浩瀚的空間、下至地理學模糊久遠的年代、小至生物胚胎學微不可見的卵細胞，我們得以逐步揭露一門偉大奇妙的知識領域。古希臘哲學家亞里斯多德（Aristotle）的邏輯學無法推演出的脈搏跳動的規律；這種研究方式可以將化合物分解成我們從前一無所知的細小分子，這是任何擅長辯證法的老學究們辦不到的成就。

人類的壽命得以延長、痛楚因此減輕、疾病漸漸被根治、大地的產出增加，航海員出航也更加安全了。先人從未目睹的大橋橫跨江河、好似白晝的光明照亮漆黑的夜晚；它拓寬人類的視野、數倍提高人們的肌腱能力；加速行動、消除距離；促進各地商務辦公室與政府機構交流、通訊；它也讓人們自由遨遊天際，安心潛入大海深處闖蕩幽微暗黑的地球洞穴。

這就是歸納法的真實本質與範疇。但是，人類科學的成就越是卓越，我們越是應該透過科學的教導和各種例證強化一個觀念：在我們總結出普遍法則的論點之前，應該活用一切的工具和資源，仔細、耐心、正確地觀察個體事例。

我們應該鼓起勇氣和美國政壇有名的科學家班傑明．富蘭克林（Banjamin Franklin）站在一起，他為了釐清為何在各種不同的情況下，電動機械都會冒出火花，因此斗膽在風雨天拉起風箏向滿天烏雲詢問閃電的性質；我們也應該勇於和英國科學家艾薩克．牛頓（Isaac Newton）並肩而立，學習他為了確知義大利天文學家伽利略．伽利列（Galileo Galilei）的自由落體實驗，向天上明月提問與地球相繫的力量為何。

簡而言之，透過我們建立的真理價值，基於我們殷切期盼穩定和普遍的進步，我們不容許暴虐的偏見去忽視或詆毀不受歡迎的事實；而是應該把科學的上層建築，往下扎根在寬廣不可動搖的基礎上，不僅應該關注所有常見的現象，也要留意諸多罕見的現實。

經由仔細觀察，我們便可蒐集越來越多的資料，但是要解釋自然規律時，這些累積的大量事實會有不同的意義和價值。正如我們會重視人類品性中有用處的特質，它們是自然演化中珍貴的進步象徵；同理，自然哲學也會對所有事實進行篩選，並重視那些我們在日常生活中不易觀察到的現象。

倘若我們發現某些人天生擁有異於常人的能力，我們會因此得出什麼結論呢？首先，我們可能會說：「這種事不可能發生。」會說出這種話的人就是在承認自己的無知，因為**任何誠實的探索者都會承認，世界上確實常有稀奇古怪、前例無法解釋的現象發生；但是，熟知思想創造力的人卻絕對不會認為這些現象永遠無法解釋。**

其次，我們可能會說：「這些都是超自然現象干預產生的結果。」但我們若理解自然法則的科學原理就會明白，沒有什麼事情是所謂的超自然現象，**一切現象之所以會發**

生必定有其原因，而且這項原因肯定源於某一既定法則或原理。這條法則或原理無論是自發自覺或是無意識運作，必然講求恆定的精準度。

第三，我們可能會改口說自己誤闖「禁區」，因為可能有些事情我們根本就不應該知道。在每一次人類進步的歷程中，這種反對聲浪總是會屢見不鮮。義大利海上探險家克里斯多福・哥倫布（Christopher Columbus）、達爾文、伽利略、美國蒸汽輪船發明人羅伯特・富爾頓（Robert Fulton）或愛默生等提出全新理念的前輩，都曾經歷諸如此類的冷嘲熱諷，甚至殘酷迫害。所以說，這些反對聲浪根本不值一顧。不過，反過來說，我們應當仔細思考任何一件引起關注的事實，唯有如此，我們才能更容易發現其中的基本法則。

造物主與我合而為一

我們會發現，**思想的創造力可以解釋一切的經歷或際遇，無論是屬於生理、心理還是心靈層面。**

思想會帶給我們與主導心態步調一致的際遇，因此，假使我們懼怕疾病，像「恐懼」這種強而有力的思想形式，就會使疾病成為這種恐懼意念的必然結果。就是這種思想形式讓我們多年的辛苦努力付之一炬。

假使我們一心想著物質財富，那我們就會獲得這些財富。我們只要集中意念思考需要的情境，並付出相當的努力，付出適當的努力，就可以實現自己夢寐以求的際遇。不過，我們卻常常發現，每當我們獲得夢寐以求的目標時，卻感受不到原本期望的欣喜。那是因為，滿足感轉瞬即逝，有時甚至還會與期望截然相反。

若此，此一過程的正確做法為何？我們該如何思考，才能實現真正的夢想？你、我所擁有的夢想，正是全體人類懷抱的夢想，也是每個人嚮往追求的目標，那就是「幸福」與「和諧」。要是我們可以獲得真正的幸福，就能牢牢握住世界給予的一切；如果我們可以為別人帶來幸福快樂，我們自己也才能真正體會幸福。

但是除非我們擁有健康、力量、知己、舒適的環境，吃得飽、穿得暖，否則根本甭提幸福快樂；也就是說，我們不僅要能夠滿足自身的日常所需，還要能夠擁有一切的舒適、奢華，因為我們完全有資格擁有。

老一輩的保守思維方式就是要像一隻「蟲」，滿足於眼前所得到的一切，不管究竟得到什麼；但當代的理念卻是，充分瞭解我們被賦予天地萬物間最好的一切，也明白「造物主與我合而為一」，以及「造物主」就是宇宙心智、就是創造者，也就是一切物種進化的源起。

意識改變，境遇就會隨之不同

現在讓我們真心坦承，上述所有說法在理論上都站得住腳，兩千年多來我們也一直接受這樣的教誨，而這些理論也是一切宗教或哲學體系的精華結晶，我們該如何在生活中付諸實踐？而且如何可以馬上看到實際可見的結果？

第一步，我們必須實踐所學的知識，除了實踐別無他法。運動員終其一生可能必須大量閱讀體育訓練方面的書籍和課本，但除非在實際訓練中付出大量體力，否則永遠也不可能鍛鍊出更強壯的體魄。他的最終收穫完全與他付出的努力成正比。這就是先苦後甘的道理。同理也適用在我們身上，**我們種下什麼因就會得什麼果，但先決條件是我們必須先付出，最終的收穫可能遠超過付出的好幾倍**。付出不過就是一個精神過程，因為思想是起因、境遇是後果。由此可知，只要付出勇氣、激情、健康或助人等各種思想，我們就是種下行動的起因，日後將得到相應的後果。

思想是一種靈性活動，因此具有創造性。不過，請不要想歪了，它要是未曾獲得自發自覺、系統化、建設性的引導，就不會創造任何成就。這就是胡思亂想與建設性思考之間的區別，前者徒然蹉跎光陰、浪費精力，後者則意味著永不受限的成就。

我們已經知道，自己所經歷的一切遭遇都遵循吸引力法則發生，如果你的意識充滿不快樂，就不可能產生快樂的念頭。因此，意識必須改變。隨著意識改變，所有境遇都會為了適應質變的意識跟著逐步轉變，以便適應全新境遇所產生的全新需求。

我們在創造精神圖像或理想的過程中，會將自己的意念投射到創造萬物的宇宙物質中。宇宙物質無所不在、無所不能、無所不知，那麼我們何必多此一舉，告知無所不知的宇宙物質如何實現我們的需求？能力有限的人類如何有能耐指導力量無邊的大宇宙呢？這正是導致每一次失敗的起因。我們雖然體認到宇宙物質無所不在，但卻拒絕接受它不單單是無所不在，更是無所不知、無所不能的事實，下場就是我們常常在行動中種下自己全然一無所知的起因。

假使我們一心想著財富，那我們就會獲得財富。

本週，你又離宇宙真理更近一步……

- 思想的創造力可以解釋一切的經歷或際遇，無論是屬於生理、心理還是心靈層面。
- 思想會帶給我們與主導心態步調一致的際遇。
- 要是我們可以獲得真正的幸福，就能牢牢握住世界給予的一切；如果我們可以為別人帶來幸福快樂，我們自己也才能真正體會幸福。
- 思想是一種靈性活動，因此具有創造性。它要是未曾獲得自發自覺、系統化、建設性的引導，就不會創造任何成就。
- 自己所經歷的一切遭遇都遵循吸引力法則發生，隨著意識改變，所有境遇都會為了適應質變的意識跟著逐步轉變，以便適應全新境遇所產生的全新需求。

心靈力量啓動練習13

我們透過認識宇宙心智的無限能量和無限智慧，維護了我們自身的利益，也就是說，我們採用這種方式就可以打通無限力量實現願望的管道。這意味著，「認知」會帶來「實現」，所以本週你的功課就是應用這個原理，體認到自己就是整體的一部分，而且這個一部分和整體在本質、屬性都一模一樣，唯一可能存在的差異可能是程度有別。

一旦這項偉大的事實開始滲入你的意識，一旦你真正地開始認識自己，我指的是自我那一部分，而非身體，這個「我」就是會思考的心靈，它將是偉大整體中不可分割的組成部分，在實質、特質和性質上，造物者給予你的一切與祂本身所擁有的一切毫無不同之處。你也將可以這樣說：「天父與我合而為一」，然後你會開始體悟，所有美好、宏偉、神奇的機遇都聽命於你。

隨堂小複習

Q1 自然哲學家獲取、應用知識的方法為何？

A: 在掌握所有工具和資源的前提下，先仔細、耐心、準確地觀察個別事實，然後才勇於提出普遍法則存在的論述。

Q2 我們如何確保這種方法正確？

A: 不容許暴虐的偏見引導我們忽視或詆毀不受歡迎的事實。

Q3 我們高度珍視哪些類別的事實？

A: 那些無法以日常生活觀察結果解釋的事實。

Q4 這道原則的基礎為何？

A: 理性和經驗。

Q5 它打破什麼？

A: 迷信、常規與先例舊規。

Q6 這些法則如何被發現？

A: 對各種罕見、陌生或特殊例外的現象進行概括化。

Q7 我們如何解釋許多一再發生的奇怪事件，以及迄今無法解釋的現象？

A: 借由思想的創造力。

Q8 （承上題）何以如此？

A: 因為一旦我們瞭解事實，就可以確定它是某一個確定起因的後果，並依據講求恆定的精準度運作。

Q9 這種知識的結果為何？

A: 它將解釋每種可能境遇的原因，無論是生理、心理或是心靈層面。

Q10 如何保護我們的最佳利益？

A: 認清宇宙心智的無限能量和無限智慧，是維護我們自身利益的最佳方式。

第14週

訓練積極思考的能力

該怎麼做，才能脫離
我不滿意的狀況呢？
普通人
拒絕去想那些
讓你不滿意的事。
心想事成
的幸運兒

來自「吸引力法則之父」的第14封信

打從你開始研究以來，至今已經學到，思想是一種靈性活動，因此被賦予創造力。但這不意味著僅有某些思想才具備創造力，而是所有思想皆然。而同樣的原則也可以經由「拒絕去想」，讓這個原理反向運作。

當心理決定行動時，會經歷顯意識和潛意識兩大階段，兩者的關係與風向計和大氣的關係有異曲同工之妙。大氣稍有動靜，風向計也會產生相應行動，即使是最微不足道的想法，顯意識也會造成內在潛意識的行動，且影響的程度會隨著感覺的深切程度和意念的投入程度互成正比。所以，假若你拒絕去想種種令你不滿的情境，就等於是將思想的創造力抽離出這些情境，你正在對它們趕盡殺絕、扼殺它們的活力。

請謹記，生長法則掌控著客觀世界的一切事物，所以拒絕去想令自己不滿意的情境並不會帶來立即見效的轉機。一株植物若被連根拔起，儘管短時間內仍然會保持青翠本色，但不消幾日就會日漸枯萎、終至失去生氣。所以，你若把思想從不滿意的情境中抽離，這樣的狀態也會終止。你將看到，這是一個與我們習慣的方式截然相反的過程。因此，它導致的結果也將是天壤之別。多數人只會把注意力集中在令他們不滿的情境中，所以這種聚精會神的負面思考就會灌注負面情境充分的能量和活力，讓它們迅速成長茁壯。

宇宙物質是一切力量、智慧和才智之源

宇宙能量無極限，既是所有運動、光、熱、色彩的源頭，也是一切後果的起因，但是它又凌駕一切。宇宙物質是一切力量、智慧和才智之源。

你若想認識這種智慧，就得認清這種心智的特質，進而熟悉宇宙的實質，終而讓它與自己周遭的事務保持和諧關係。

即便是最博學多聞的物理科學大師都未曾嘗試過——這是一個他自己從未領略過的領域；事實上，幾乎所有唯物主義學派都未曾涉足此地，他們從未領受這智慧之光。他們並未意識到，智慧就像能量、物質，其實無所不在。

有些人會說，要是這些原則都是真理，為何我們無法證明？如果這個基本原則顯然正確無誤，為何我們就是無法獲得美好結果？事實上，我們可以。我們所能獲得的結果，正與我們體悟基本原則的程度、運用基本原則的能力互成正比。如同要有某個人先總結出電性法則，並廣為傳授應用方法，我們才知道如何善用電力產出成果。

這一進步讓我們與外在環境建立起一段全新的關係，它為我們打開以前從未夢想過的機遇之窗，這是因為我們的心靈狀態更新後，會自然啟動一系列有序的法則建立。

心智具有創造力，內蘊於萬物的本質中，其原則的基礎堅固不移、合情合理。不過，這種創造性能量並非源自人，而是源自宇宙，它才是一切能量、物質的初始與泉

源，每人只不過是這能量的分流管道，宇宙透過人創造各種形形色色的組合，因此催生出各種現象。

我們知道，科學家已經研究出把物質解構成無限的分子，再將分子分解為原子，最後將原子分解為電子的技術。觀察電子在內含硬金屬融斷器的高真空玻璃管中活動，你會發現電子充滿整支玻璃管；它們存在於萬物之中、無所不在；它們盈滿一切物質，填充我們曾經以為是真空地帶的區域。由此可知，這就是孕育萬事萬物的宇宙物質。

電子如果沒有接受指令組成原子或分子的話，就永遠只是電子型態，而電子的指揮者就是心智。當大量電子圍繞一個能量的核心旋轉就會組成原子；當原子按照一定的數學比例結合就會形成分子。分子與分子會相互聯合，形成了各式各樣的化合物；這些化合物最終構成了整個宇宙。

目前我們已知的最小原子是氫原子，它的重量約莫是電子的一千七百倍；一顆汞原子的重量是電子的三十萬倍。電子是純粹的負電荷，由於它和熱、光、電能、思想等其他所有的宇宙能量都具備同樣的勢流速度（Potential Velocity），更不必考慮到時間和空間。證明光速的存在方式是很有意思的。

光速是由丹麥天文學家歐列．羅美爾（Ole Romer）在一六七六年觀察木星的月食現象期間量測的結果。他計算出，當地球最接近木星時，木星發生月食的時間會比預期提早八分半鐘，但是當地球運行到距離木星最遠的位置上時，木星發生月食的時間比預期延遲八分半鐘。羅美爾因而歸納箇中原因並得出結論，從木星直射而來的光線需要十七分鐘穿越地球軌道半徑，因而造成地球與木星距離的差異。他的推論經過檢驗後得到證實，光的行進速度是每秒十八萬六千英里。

電子在人體內的作用和細胞如出一轍，同時具備足以讓它們在人體內完美運行各種功能的精神和智慧。身體的每一個部位都由細胞構成，有些會單獨行動，另一些則會成群結隊；有些忙著建設人體組織，有些則是從事建設人體所需各種分泌物的活動；有些是物質搬運工，也有一些就像是修復創傷的外科醫生；有些是清道夫，負責清掃搬運垃圾；更有一些負責防禦工作，阻擋病菌家族攻城掠地。

所有細胞運動都有一個共同目的，每一顆細胞不只是有生命的有機體，還具備了飽滿的智慧，讓它可以擔負起必要的職責；同時它還被賦予足以讓它保存能量、延續自身生命的智慧，因此，它必須獲得充足養分，而且我們也發現，它們會精挑細選自身所需的養分。

每一顆細胞都得經歷誕生、繁殖、死亡和被分解吸收的過程，我們能否維持生命與健康，完全取決於這些細胞的新陳代謝。

因此，顯然體內的每一顆原子中都具備了心智的力量，這裡所謂心智包含了負面心智，但我們的思考能量可以讓自己產生正面力量，所以人們可以控制負面心智。這就是超自然療法的科學解釋，足以讓人人理解這種奇妙現象所憑恃的真理。

這種負面心智蘊藏在體內每一顆細胞裡，一向被稱為潛意識心智，因為它的行動不須顯意識的知識即可運作。所幸我們已經知道，潛意識心智會回應我們的顯意識。

我們自身就是宇宙心智的彰顯

萬事萬物都源於心智，外觀表象僅是內在思想的產物。由此可知，萬事萬物的起源都不在自身，既無法持久，也虛幻不實。那麼，既然它們都是思想的產物，也就可以透過思想來摒除。

在自然科學領域有許多實驗在進行著，同樣的，心靈領域也有很多實驗在進行，每一次的新發現都會驅使我們朝著可能的目標前進一大步。我們發現，每個人的現狀都是他所抱持的種種思想的反映，因此他的思想塑造了他的外貌、形體、性格與際遇。

回溯事出必有因的道理，倘若我們追本溯源找到發源地，就會發現它起始的創造原理。有關這一點，當今的證據非常完整充分，因此這項真理早已廣為周知。

客觀世界掌控在一種隱不可見，至今仍無法解釋的能量中。我們一貫人格化這種能量，稱之為上帝。不過，現在我們已經學會應將它視為普遍深入萬物的精神本質或原理，也就是無限或宇宙心智。

無限、無所不能的宇宙心智擁有無邊無際的資源，它同時也無所不在，因此我們不能迴避這一結論：我們自身一定是宇宙心智的表達或彰顯。

如果我們對潛意識精神所具備的資源有所認識與理解，就會知道，潛意識和宇宙之間的唯一差異就在於程度有別。兩者之間的差異就有如一滴水珠對比一片海洋。兩者型態與本質一模一樣，唯一差異就在於程度有別。

你現在能否領會，這項極度重要的事實有多彌足珍貴？是否明白，認知這項事實將讓你與全能者建立聯繫？潛意識是連接宇宙心智和顯意識之間的管道，顯意識可以有意識地引導思想，潛意識則是負責將思想融入行為中，難道這一點不是顯而易見的嗎？那麼，既然潛意識與宇宙合而為一，它的活動豈不是也就毫不受限嗎？

我們若是能發揮科學頭腦領悟這項原理，就可以充分解釋，為什麼單單祈禱就可以獲得神奇結果。我們採用這種方式獲取這些結果並非上帝垂憐，正好相反，完全是自然法則完美運行的結果。因此，在這個過程中絲毫不含任何神祕或宗教成分。

雖然「錯誤的思考方向將帶來失敗的惡果」是顯而易見的事情，還是有許多人還沒

宇宙法則 21

潛意識和宇宙之間的唯一差異就在於程度有別，兩者之間的差異就有如一滴水珠對比一片海洋。

準備好接受極有必要的正確思維訓練。

思想是唯一的現實，境遇不過是外在顯現；一旦思想改變，所有外在的物質境遇也都會隨之改變，以便與它們的創造者保持和諧一致。在此，所謂的創造者就是思想。

不過，思想必須明晰、穩健、堅定、確實，不容變更。你不能進一步退兩步，更不可以浪費二十年、三十年把自己的一生建立在負面思想所創造的負面環境上，卻還奢望只要花個十五分鐘正確思考，就能夠一筆勾銷過去的謬誤。

假使你有意顛覆自己的人生，想要進行這套必要的訓練，務必刻意為之，除了認真思索，也要徹底考慮這個問題，此外，你不能容許任何事件干擾你的決定。

這套訓練、思想轉變與全新心態將不僅能為你帶來讓你感到幸福的物質財富，更會帶給你整體的健康身心與和諧境遇。

如果你盼望生活中處處可見和諧境遇，首先便應該打造一個和諧的內心世界。你的外在世界將會是內心世界的折射。

思想必須明晰、穩健、堅定、確實，不容變更。

本週，你又離宇宙真理更近一步……

- 宇宙能量無極限，既是所有運動、光、熱、色彩的源頭，也是一切後果的起因。
- 我們所能獲得的結果，正與我們體悟基本原則的程度、運用基本原則的能力互成正比。
- 每一顆細胞都得經歷誕生、繁殖、死亡和被分解吸收的過程，我們能否維持生命與健康，完全取決於這些細胞的新陳代謝。
- 客觀世界掌控在一種隱不可見，至今仍無法解釋的能量中。我們一貫人格化這種能量，稱之為上帝。
- 如果你盼望生活中處處可見和諧境遇，首先便應該打造一個和諧的內心世界。

心靈力量啓動練習 14

本週，你的作業便是專注在「和諧」。我所說的「專注」，意指徹底、完全聚精會神領會一切內在意涵。請務必全心全意、集中所有注意力在「和諧」上，直到心中別無他物。請謹記，唯有透過實踐才能學會。僅僅是閱讀這些課程，不會對你產生任何作用；唯有實際應用才能展現這些文字的真實價值。

隨堂小複習

Q1 所有智慧，力量和才智的來源為何？

A: 宇宙心智。

Q2 所有的運行動力、光線、熱量和顏色源於何處？

A: 源於宇宙能量，它是宇宙心智的表現形式之一。

Q3 思想的創造力源自何處？

A: 宇宙心智。

Q4 何謂思想？

A: 思想是運作中的心智。

Q5 宇宙在形式上有何區別？

A: 宇宙透過人的「思想」創造各種形形色色的組合，催生出各種現象。

Q6 這個過程如何實現？

A: 個人的思考力量可以影響宇宙，使其化為有形的實體。

Q7 截至目前為止，宇宙形塑的第一種形式是什麼？

A: 盈滿整體空間的電子。

Q8 所有事物都源自何處？

A: 心智。

Q9 改變思想的結果為何？

A: 外在的境遇會隨之改變。

Q10 和諧心態的結果為何？

A: 生活中處處可見和諧境遇。

「請真切思考，你的想法應該是解決全世界饑荒的食物；
請說實話，你的每一句話應該都是成果斐然的種籽；
請腳踏實地過生活，
你的人生應該代表偉大、崇高的信條。」

——蘇格蘭牧師賀瑞修・波納（Horatio Bonar）

第 15 週

提升洞察力

我該怎麼做，才能保護心靈
不受負面思考汙染？
培養洞察力，就能讓你的
思想轉向正面方向。
普通人
心想事成
的幸運兒

來自「吸引力法則之父」的第15封信

賈克・洛克（Jacques Loch）博士是專注生醫領域研究的洛克菲勒學院（Rockefeller Institute；譯註：1965年改名Rockefeller University）成員，他曾經拿植物做實驗，結果顯示，即使是最低等的生命也會運用自然法則。

「我們為了要取得實驗素材，就把玫瑰盆栽帶進室內，置放在一扇緊閉的窗前。如果任由這株植物枯萎，原本寄生在植物身上的無翼蚜蟲就會長出翅膀，變成有翼的昆蟲。等牠們的外形蛻變完成，這些動物就會離開植物，飛向窗口，然後沿著玻璃往上爬。」

顯然，這些小昆蟲也發現賴以維生的植物宿主已經枯死，因此也無法再從中獲得任何食物來源。牠們唯一免淪飢餓的自救之道就是長出一對臨時急用的翅膀，三十六計飛走為上策。牠們也的確這麼做了。

這類實驗顯示，全知、全能的力量無所不在，即使是最卑微的生命也會在緊要當頭發揮這股力量。

第十五週的課程將告訴你更多我們賴以生存的法則，除了解釋這些法則運作對我們有益，也會詳述，所有我們走過的經歷與景況都是為了成就自我，並闡明種豆得豆、種瓜得瓜的道理，最後則是開示我們，只要能自發自覺地與自然法則合作無間，最幸福、最快樂的日子就唾手可得。

語言或文字是彰顯思想的工具

我們依循各種法則生活，它們都是為了讓我們得到益處設計而成。這些法則恆久不變，而且任何人都無法置身它們之外生活。

所有偉大永恆的力量都是在莊嚴肅靜中悄然運作，但我們也可以發揮自身的力量讓自己與它和諧一致，如此一來便可彰顯出相對平和、快樂的人生。

種種困難、不和睦與障礙都指向一個原因：我們拒絕付出自己不再需要的物品，或拒絕接受自己需要的物品。

成長是汰舊換新、精益求精的過程；也可說是一種有條件或互惠的行為，因為我們每個人都是一個完整的思想實體，這份完整性讓我們「先給出去才能得到」。

如果我們冥頑不靈地緊緊握住現有的事物，就不可能張手拿取我們欠缺的事物。當我們開始明白被自己吸引來的一切事物的真正意義，也才能從每一次的經歷中擷取進一步成長所需要的養分。這兩點能做到什麼程度，決定了我們實現和諧幸福的程度。

隨著我們自身境界的提升、視野逐步拓展，我們獲取成長所需養分的能力也會持續上升。我們體認自身需求的能力越強大，就越能明白分辨一切所需何在、越能吸引與吸收這些事物。如此一來，我們身邊的一切都是我們成長所需的養分。

我們遭逢的所有境遇與經歷，都是為了使我們獲益。除非我們能在困難與障礙中記取教訓，汲取其中的智慧，並轉化為未來成長所需的養分，否則困難與障礙將不斷出現。

古諺「種瓜得瓜，種豆得豆」確實一語中的。我們付出多少努力戰勝困難，就能從中獲取多強大的永恆力量。

為了能不斷成長，我們必須發揮最大的吸引力，吸引所有與我們狀態一致的事物向自身靠攏。唯有當我們能完全領悟並全心與自然法則合作，才能爭取到最大程度的幸福。

我們必須置身充滿愛的環境，才能發想出生氣勃勃的思維。愛是情感的產物，因此人必須透過智慧與理性來掌控並引導情感。

愛才能賦予思想生命力，並因此讓它得以萌芽茁壯。吸引力法則就是愛的法則，兩者合體為一，將可以供應必要元素，催生並催熟我們的思想。

思想所能找到的最初形態就是語言或是文字，這一步便決定文字的重要性，因為它們是最早彰顯思想的工具，就好比盛水的容器一般。它們憂戚相關、共同行動，將思想化為聲音轉述他人。

思想可以引導各種行動，但無論是何種行動，都只是思想運用一種清楚可見的形式自我呈現而已。因此顯而易見的是，如果我們盼望得到滿意的狀態，就應當先抱持渴望的想法。

這便導出一個無可迴避的結論：倘若我們盼望生活富裕充足，就只能想著富裕充足。由於文字是思想的外顯形式，我們應該格外小心謹慎，除了將具有建設性的和諧話語掛在嘴上，其餘一概不提，因為終有一天這些話語會一一成真，屆時將帶來好處多多。

文字語言的力量來自思想的力量，思想的力量則來自生命力

我們無法逃避自己的心智持續描述的各種畫面，就是因為我們說出了不利自身福祉的話語，不當的語言就會產生錯誤觀念的影像。

隨著我們的思想變得清明澄澈、水準提升，也就越能豐富地彰顯生命。如果我們能善用定義清楚的詞語，就能剔除過往低階思想所得出的概念，並更容易展現生命力。

我們必須訴諸語言文字來表達自身想法，如果我們打算運用更高層次的真理，那麼

宇宙法則22

文字是思想的外顯形式，我們應該只將具有建設性的和諧話語掛在嘴上，因為終有一天這些話語會一一成真，屆時將帶來好處多多。

我們就要依據這個擇定的目標，審慎、明智地選擇用字遣詞。

善用語言文字表現思維的神奇力量，正是區分人與動物的重要分水嶺。我們得以藉由各種書面文字回首歷史，回首那些動人心弦的場景，進而瞭解自己如何得到今日這一切。

我們藉由書面文字，才得以和歷來最偉大的作家、思想家神交，當今我們所擁有的的綜合紀錄，正是宇宙思想的展現。

我們知道，宇宙思想有創造有形實體的目標，而人類思想也一樣想要讓自身具體化，而語言文字就是一種思維形式，一個句子就是思維形式的組合體。

由此可知，**如果我們期盼自己的理想臻於美好、強大，就必須懂得精煉自身的文字語言、三思而後言。因為遣詞用字講究精準正是一切文明最崇高的建築形式，也是成功的通行證。**

文字語言就是思維，也是一種隱不可見、攻無不克的力量，而且同樣會依其樣貌，在有形世界中化為實體。

文字語言可以昇華成為永遠存在的精神殿堂，或者也可以淪為禁不起微風吹拂的破爛陋室；它們可以悅人耳目、包羅一切知識；我們可以從中鑑古知來；它們就像是活力充沛的信使，每一種人類和超人類活動都源自於此。

文字語言的精微之處便在於思想之美；文字語言的力量來自思想的力量，而思想的力量則來自其生命力。我們如何清楚明辨什麼思維具有活力呢？它具有什麼獨樹一格的特徵嗎？其間必定有原則可循，但我們要怎樣才能一窺堂奧？

數學計算有其定理，但錯誤無跡可循；追求健康有門道，但疾病上門沒有章法；真理原則明確，歪理卻毫無規則；光線有運作法則，黑暗則任意妄為；富足有道，貧窮無度。

磨練洞察力，保護思維不受心靈、道德或是生理上的病毒染指

我們該如何知道上述說法是否為真？因為，倘若我們正確應用數學定理，就可以確定計算結果；健康存在之處，就不會有疾病；如果我們認識真理，就不會被歪理蒙蔽；要是我們迎接光明，就不會置身黑暗；有富裕在的地方就沒有貧窮。

這些都是不證自明的事實，但我們經常忽略一個再真實不過的真理——凡是符合宇宙原理的思想都充滿生命力，因此它得以扎根、成長，最終也必然取代負面的想法，因為負面想法的本質不具備任何生命力。

這個真理可以幫助你打破一切混亂、匱乏、局限。

毫無疑問，擁有「足夠智慧明瞭一切」的人將很快就會體認到，思想的創造力就像

他們手上所向披靡的武器，使他們成為自己命運的主宰。

物理世界中有一道永恆定律，即是「在任何地方新生多少能量，就代表另一個地方消滅多少能量」，由此可知，我們只能得到與自己付出相對應的等值回報。

倘使我們誓言投身一場行動，就必須做好一旦行動上路就開始承擔各項責任的準備。

潛意識不會推理，只會聽命行事；我們要求某樣事物就會得到這樣事物；我們鋪好了床自然就會和枕而眠；骰子既已擲出就不能收回；我們畫了藍圖，就會順著一筆一畫逐步完工。

為此，**我們應該磨練自己的洞察力，好讓自己所抱持的思維不受心靈、道德或是生理上的病毒染指**。

洞察力是一種心靈能力，讓我們可以站在宏觀的角度檢視事實與條件；它是專屬人類的望遠鏡，讓我們不管投身什麼行動都能看清困難，也看到機會。

洞察力讓我們為早一步預見的障礙做好準備，因此我們可以在它們還沒化為攔路虎之前就早一步攻克敵人。

洞察力讓我們得以依據自身的優勢做好計畫，並將我們的思想、注意力轉向正確方向，不會浪費在沒有任何回饋的事上卻不自知。

因此，對一切偉大崇高的成就而言，洞察力肯定是不可或缺的能力；一旦我們擁有這個能力，就可以長驅直入、探索並支配任何心靈領域。

洞察力是內心世界的產物，在平靜中，透過專注就能養成。

我們只能得到與自己付出相對應的等值回報。

本週，你又離宇宙真理更近一步……

- 種種困難、不和睦與障礙都指向一個原因：我們拒絕付出自己不再需要的物品，或拒絕接受自己需要的物品。
- 我們體認自身需求的能力越強大，就越能明白分辨一切所需何在、越能吸引與吸收我們成長所需的養分。
- 善用語言文字表現思維的神奇力量，正是區分人與動物的重要分水嶺。
- 我們必須訴諸語言文字來表達自身想法，如果我們打算運用更高層次的真理，那麼我們就要依據這個擇定的目標，審慎、明智地選擇用字遣詞。
- 對一切偉大崇高的成就而言，洞察力肯定是不可或缺的能力；一旦我們擁有這個能力，就可以長驅直入、探索並支配任何心靈領域。

心靈力量啓動練習 15

本週，你的功課就是專注培養「洞察力」。請依照慣例坐在老位置上，集中思緒思考這項事實：「認識思想的創造力並不代表掌握思維的藝術。」全神貫注地思考這些事實：「知識無法應用其本身」「我們的行動並非接受知識指揮，而是受積習、流俗和先例所掌控」「我們唯有立下堅定的決心，才能讓自己去應用所得到的知識」。請喚起你對「用不到的知識就無法留在心智」「資訊的價值在於妥善的應用」這些事實的記憶；持續順著這個思維方向，直到你得到充分的洞察力，足以架構出一套明確的計畫，將這個原則應用在你的特定問題上。

隨堂小複習

Q1 什麼事物決定我們所能達到的和諧程度？

A: 當我們開始明白被自己吸引來的一切事物的真正意義，也才能從每一次的經歷中擷取進一步成長所需要的養分。

Q2 困難和障礙代表什麼？

A: 代表我們要遭遇這些，才能使智慧和心靈成長。

Q3 我們如何避免這些困難？

A: 自發自覺地理解並與自然法則合作。

Q4 思想採用什麼原則表現自我形式？

A: 吸引力法則。

Q5 如何確保想法逐漸成形過程中所需的成長、發展與成熟的必要素材？

A: 愛的法則就是宇宙的創造性原則，它會賦予思想活力；吸引力法則會帶來成長法則必需的物質。

Q6 如何獲得想要的成果？

A: 常保渴望的種種念頭。

Q7 令人不快的條件如何產生？

A: 一旦我們陷入思考、討論及想像各種匱乏、限制、疾病、不和諧與不和睦的狀況時，這些想法就會進入潛意識。吸引力法則會將它們形塑成外在世界的實體。種瓜得瓜，種豆得豆。

Q8 我們如何克服各種恐懼、匱乏、限制、貧困和不和諧？

A: 用原則取代錯誤。

Q9 我們如何認清原則？

A: 我們可以自發自覺地體認以下事實，即真理無可避免終將摧毀錯誤。我們不必費力殲滅黑暗，唯一的必要之舉就是迎向光明。同樣原理適用於負面想法的處理上。

Q10 洞察力的價值是什麼？

A: 它可以使我們明瞭「應用所得到的知識」的價值。許多人似乎誤以為，知識會自動自發應用，這絕非事實。人必須去應用所得到的知識。

第 16 週

心靈能量的祕密

命運之神為什麼要讓這麼多倒楣的事發生在我身上？
普通人
我們身上發生的一切境遇，起因都是我們自己。
心想事成的幸運兒

來自「吸引力法則之父」的第16封信

行星宇宙的共振活動受到週期定律的支配。所有生命體都會歷經出生、成長、結果和衰落等階段，這些時期皆由「七律」（Septimal Law）掌控。七律掌管一週七天、日落月升、聲、光、熱、磁場、原子結構的和諧；也管理個體生命、國家興亡，更統御商業世界的所有活動。

生命就是成長，成長必定改變，對我們而言，每七年一次的循環就意味著一個新的階段。生命的第一段七年是嬰幼期，第二段七年是童年期，代表即將開始承擔個體的責任；第三段七年是青春期、第四段七年象徵進入完全成熟狀態；第五段七年是建設期，我們開始創建財富、成就、屋舍和家庭。三十五到四十二歲這段時期是反思和改變階段，此後隨之而來的就是重組、調整和恢復階段；然後就到了五十歲，人生下一輪的七七循環就此開始。

許多人以為，我們的世界即將跨出第六段週期，邁入第七個階段，也就是一個調整、重構與和諧的階段，經常被稱為「千禧年期」。

凡是熟悉這個循環的人即使諸事不順也不會心煩意亂，反而會充分認知本週課程闡述的各項原理，知道有一條至高法則在一切法則之上。透過理解和有意識地運用精神法則，我們就可以把每一個看似困難的狀況轉化成祝福。

心靈能量的三大步驟：理想化、視覺化、具體化

財富是勞動的產物；資產其實是結果，不是起因；它是僕人，不是主人；它是工具，不是目的。

最普遍的財富定義如下：財富泛指一切具有交換價值、對個人有用處，而且令人愉悅的物品。財富的最大特性就是它的「交換價值」。

財富只能為其擁有者帶來些許的快樂，我們會發現它真正的價值在於交換，而不是它的實用性。這種交換價值，使財富成為一種媒介，協助我們在實現理想的過程中獲取彌足珍貴的事物。

請絕對不要將財富視為你的最終目的，而是應該將它看成是達到目的的方法。成功的先決條件就是具備比累積財富更崇高的理想。凡是渴望成功的人都應該先定下一個自己願意全力以赴的理想目標。

一旦你心中有了這種理想，就會自然找到實現理想的途徑和方法。在實現的過程中，切記不要犯下把方法當成目的的錯誤。一定要立定一個具體、穩固的目標，也就是「理想」。

十九世紀新思想運動推動者普林提斯．馬爾福德（Prentice Mulford）曾說：「成功者正是擁有最高精神領悟的人，所有龐大財富都源於這一超然、真實的精神能量。」遺憾

的是很多人無緣認識這種能量，這些人不記得鋼鐵大王安德魯・卡內基（Andrew Carnegie）全家剛移民美國時，母親其實還得外出工作補貼家計；美國鐵路大王愛德華・亨利・哈利曼（Edward Henry Harriman）的父親只是一位年薪兩百美元的窮牧師；英國企業家湯瑪士・立頓（Thomas Lipton）爵士的創業資本僅二十五美分。這些成功代表都是無權無勢之輩，但最終都靠著白手起家闖出一片天。

創造力完全取決於心靈的能量，共包含了三大步驟：「理想化」、「視覺化」、「具體化」。每一家企業的領導者都是靠著這種能量才能得到成功。標準石油（Standard Oil）共同創辦人之一亨利・M・富萊勒（Henry M. Flagler）身價億萬美元，在《人人雜誌》（Everybody's Magazine）一篇文章中透露，自己成功之祕就是全面檢視問題的能力。以下是他與記者的對談，顯示他運用理想化、專注和視覺化想像的心靈能量：

「你是否真的會想像整件事情完成時的畫面？我的意思是，你真的能做到閉上眼睛也能清楚看到火車奔馳在軌道上、清晰聽見汽笛發出轟隆嗚聲？你真的能做到這個程度嗎？」「沒錯。」「有多清楚？」「再清楚不過。」

不要將財富視為你的最終目的，而是將它看成是達到目的的方法。

我們可以從中觀察到法則的存在，看到「因果關係」的運行，我們瞭解到思想必然先行於行動，並且決定了行動。如果我們夠明智，就能領會一個重要的事實：任何境遇自有成因，人類的一切經歷都依循著和諧有序的前因後果。

成功的生意人多半是理想主義者，他們持之以恆地朝向更嚴格的標準邁進。想法的精妙力量形塑我們的日常生活，進而建構我們的人生。

思想就像是一種具有可塑性的素材，我們用這種素材來建構生命成長概念的圖像，「應用」決定了它存在的意義。就如同所有其他事物一樣，我們能否認識它的存在並正確地使用，正是能否獲得這種力量的必要條件。

在時機尚未成熟的時候得到財富，只會帶來羞辱和災難，這是因為我們不能永遠留住我們不該得的東西，也留不住我們尚未有能力賺得的財富。

我們在外在世界所面臨的種種際遇都可以在自己的內心世界找到相應的經歷，這一點取決於吸引力法則。那麼，我們應該如何決定任由哪些事物進入我們的內心世界？

經由我們的感覺器官或客觀意識進入心智的一切事物，都會在心上烙下印記，並形

成一幅精神圖像，這圖像會成為創造性能量在進行創造時依據的樣本。這些經歷大多來自外在環境、際遇、過去的思想，甚至是其他各種型態的負面思想，我們必須在它們進入心智之前仔細分析驗證。另一方面，**我們可以透過內在的思維過程自主創造心靈圖像，無需顧慮其他人的想法、外在條件與形形色色的各種環境，只要活用這種力量就可以掌握自己的命運、身體、心智和心靈。**

藉由這種能力的練習，我們可以將自己的命運牢牢掌握在手中，並自發自覺地為自己創造出渴望得到的經歷，因為當我們自覺地理解某一種境遇時，那境遇最終將會在我們的生活中化為實體。很明顯的，思想就是生命中的成因。

因此，掌握思想就是掌握環境、際遇與命運。

那麼我們要如何掌握思想？整個過程該怎麼進行？所謂思考就是創造想法，但這個想法將帶來怎樣的結果，取決於思想的型態、特質和生命力。

思想的型態取決於心靈圖像的意象，這取決於印象的深刻度、想法的卓越度、願景的清晰度以及精神圖像本身的大膽程度。思想的特質取決於它的組成物質，這些組成物質又取決於形塑心靈的素材。倘若這些素材是由勇氣、膽識、力量、意志力交織而成，那它所編織的思想就會擁有這樣的特質。

最後，思想的活力取決於每個人構思當下的感受。倘若思想具有建設性，必將充滿活力、生動鮮明，而且會成長、茁壯、具有創造性；還會為自己完整的生長過程磁吸自身所需的一切條件。

遵循自然法則的和諧秩序

但如果思想具有破壞性，就會自發性長出自我破壞的壞菌；它最終將會凋零，但在邁向消滅的期間會招致疾病、患難及其他形式的不和諧。

這就是我們所說的「邪惡」。當我們召喚邪惡上身時，有些人會傾向把我們遭遇的所有困難歸咎於至高無上的造物主，但所謂至高無上的造物主不過就是處於平衡狀態的心智。

它既稱不上好，也無所謂壞，造物主就只是一種超然的存在。

我們具有將它分化為不同形態的能力，就是這種能力造就了「善」與「惡」。

因此，善與惡都不是實體，而是用來形容我們自身行動結果的詞彙而已。我們會採

宇宙法則 24

我們在外在世界所面臨的種種際遇，都可在內心世界找到相應的經歷。

取何種行動，取決於我們自身思想的性質。

假使我們的思想具有建設性、和諧感，我們就能揚善；如果它具有破壞性、不和諧，我們就是作惡。

如果你想要具象化另一個環境，執行的程序就是：在心中牢牢記住這幅圖像，直到你的願景美夢成真。請不要讓其他人、事、物闖進來；這些旁騖都不是絕對要事。你渴望的境遇本身涵蓋著必要的一切條件——正確的對象、正確的事件會在正確的時間和正確的地點自然發生。

有時候，我們可能無法通盤明白，視覺化的力量究竟如何控制我們的性格、能力、學識、成就、環境與命運，但這一點絕對是禁得起科學檢驗的事實。

你將很快就會看到，**我們思考的內容決定心智的品質，心智的品質則又反過來決定我們的能力和心智能量**。你也可以很快理解到，隨著我們身心能力的提升，成就自然也會提升，同時能夠更完善地掌控自身的環境。

因此，你可以看出來，自然法則完美地在一種自然又和諧的秩序下運行，每一件事似乎都是「水到渠成」。如果你要求檢驗這個事實的證據，請簡單比較一下，這一生你付出的努力換來什麼成果。當你的行動是受到崇高理念所驅動，結果如何？但是當你懷抱自私自利的動機時，結果又如何？答案不言自明。

如果你期盼實現任何渴望，請在你的心中描繪出一幅成功的精神圖像。你若能自發自覺地具象化自己的渴望，這種方式就能讓你推進成功，你也就可以採用科學手法將它具體化。

想像力是一流僕人、三流主人

我們的肉眼僅可以看到客觀世界中的存在，但我們可以把存在於精神世界中的事物具象化。倘若我們忠於自己的理想，那我們想像的畫面就會成為一個重要標記，終有一天將會顯現在客觀世界中。原因不難理解，視覺化想像是想像力的表現形式，思考的過程會形成心智印象，這些印象又會反過來形塑概念與理想，之後它們也會再轉化成為計畫，偉大的造物主正是廣納這些計畫打造我們的未來。

心理學家已經歸納出結論：我們只有一種感官功能，那就是感受的感官功能，其他感官功能都可說是它的變體。這話說得正確。我們知道為什麼感受是一切能量的泉源，我們知道情感為何能輕易地凌駕理智，我們知道為什麼期待開花結果就必須在思想中注入感受的成分。思想和情感是不可分割的共同體。

當然，視覺化想像必須由意志力來引導，這樣我們才可以精準地視覺化自己所期盼的事物，我們必須小心謹慎，別讓想像力有如脫韁野馬馳騁。**想像力可說是一流僕人、**

三流主人，除非駕馭得當，否則很容易就帶著我們沉淪在天馬行空的空想與毫無事實根據的結論中。如果欠缺檢驗分析，我們的心智就很容易對那些似是而非的意見照單全收，結果可能是導致精神錯亂。

因此，我們必須只構築科學解釋站得住腳的正確精神圖景。透澈分析每一個想法，除非是科學檢驗正確無誤，否則絕對拒之門外。當你這麼做，你就不會浪費力氣在無謂的事情上，而是專注在你知道可以實現的目標上，成功將會為你付出的努力加冕。這就是生意人所說的「先見之明」，它和洞察力頗為類似，可以說是所有事業成功的偉大祕密之一。

掌握思想就是掌握環境、際遇與命運。

本週，你又離宇宙真理更近一步……

- 成功的先決條件就是要具備比累積財富更崇高的理想。
- 任何境遇自有成因，人類的一切經歷都是依循著和諧有序的前因後果。
- 如果你期盼實現任何渴望，請在你的心中描繪出一幅成功的精神圖像。
- 在時機尚未成熟的時候得到財富，只會帶來羞辱和災難，這是因為我們不能永遠留住我們不該得的東西，也留不住我們尚未有能力賺得的財富。
- 視覺化想像必須由意志力來引導，這樣我們才可以精準地視覺化自己所期盼的事物，我們必須小心謹慎，別讓想像力有如脫韁野馬馳騁。

心靈力量啓動練習 16

本週，你的作業就是充分理解一個重要事實，亦即和諧與幸福是一種自覺意識的狀態，並非由擁有物質來決定。唯有塑造良好精神狀態，才能收割在這種心境下生成的果實。如此一來，假若我們渴望得到物質財富，我們首要的關注目標應該是任何可以為我們帶來豐碩結果的良好心態。要養成這種心靈狀態，唯有充分理解我們的精神本質，並與身為萬物之源的宇宙心智合而為一。這才是科學、正確的思維方式。當我們進入這種心靈狀態，就會更容易瞭解「我們想要的一切其實早以實現」。到了這個境界，我們自然就會發現「真理」將我們從各式各樣的匱乏和局限中「解放」出來。

隨堂小複習

Q1 財富取決於何物？

A: 取決於是否能理解思想的創造性本質。

Q2 它的真正價值取決於何物？

A: 取決於交換的可能性。

Q3 成功取決於何物？

A: 取決於能否掌握精神力量。

Q4 這股力量又是取決於何物？

A: 實際應用。使用決定它存在的意義。

Q5 我們如何才讓自己的命運不再是隨機事件？

A: 自發自覺地讓我們渴望的境遇在自身生活中發生。

Q6 若是如此，生命中的最重要的是什麼？

A: 思想。

Q7 （承上題）何以如此？

A: 因為思想屬於精神層面，因此具有創造性。自發自覺地掌控思想就是掌控環境、條件、環境和命運。

Q8 所有「惡」的根源為何物？

A: 具有破壞性的思維。

Q9 所有「善」的來源為何物？

A: 採用科學方法正確思考。

Q10 何謂採用科學的方法思考？

A: 體認到靈性能量的創造性本質，以及我們有能力可以控制它。

一個時代中，最偉大的事件就是發現最出色的想法。

思想的本質就是找出行動的方法。

——十九世紀美國作家

克里斯欽·納斯泰爾·波維（Christian Nestell Bovee）

第17週

從渴望到實現願望

如果我已經擁有明確的目標，
接下來該怎麼做呢？
普通人
渴望加上專注，
你將變得無所不能。
心想事成
的幸運兒

來自「吸引力法則之父」的第17封信

一個人會出於自覺或不自覺地崇拜哪一種「神祇」，都足以反映他的心智狀況。

你問印第安人何謂上帝，他會對你描述一位強而有力的部落酋長；你問不信教的異教徒何謂上帝，對方會說是火神、河神，或是天神、地神之類。

你問以色列人何謂上帝，他會告訴你先知摩西就是神的僕人，他認為，宣揚上帝的誡令有利於統治，十誡（Ten Commandments）由此誕生。或者他們會說是摩西的助手約書亞，帶領以色列人發動戰爭、徵收財產、擄殺戰囚，並將城市夷為平地。

所謂的蠻族會為自己崇拜的神祇「雕塑形像」，好用來伏地跪拜，不過至少對眾多信徒中最有智慧的少數人來說，這些雕像只是精神支點、實體可見的外在形象，用以寄託自身的靈魂。

理論上，我們這些生活在二十一世紀的人是尊崇充滿愛的上帝，但實際上我們也為自己雕刻「財富」、「權力」、「時尚」、「風俗」、「傳統」等形象，並因此「臣服」在它們腳下崇拜。我們全神貫注在它們身上，因此它們也得以在我們的生命中具體化。

熟讀本週課程的學員將不會一再把表象誤認為實體，而是改為關注起因，並且不再重視後果；他們會專心過好每一天的生活，不再為結果患得患失。

開啟自然界奧祕的金鑰：專注加上渴望

我們學到，人類擁有「支配萬物」的能力，這種支配權建立在心智力量的基礎上。思想是一種活動，掌控在它轄下的所有原則。在本質上、屬性上都凌駕其他原則的最高層次原則，必然能決定所有與它相關的環境、態勢與任何與它相關的萬事萬物。

心靈力量的共振最為純粹，因此是現存力量中最強大的力量。對於那些領悟心靈力量的本質和超然特性的人來說，一切物質的力量皆微不足道。

我們慣於依賴五種感官觀察宇宙，並由這些經驗發展出所謂人、神觀念；但唯有發揮精神的洞察力才能真正瞭解宇宙。要獲得這種洞察力，除了必須加速心靈的振動，還必須讓心靈持續聚精會神在某個特定議題才能培養而得。

持之以恆地集中意念，意味著思想應處於一種平衡、不間斷的流動狀態，這樣才能創造一個容忍、持久、堅韌、有序的體系。

偉大的發現都是經年累月觀察的結果。學習數學這門科學需要長年集中精力、埋頭鑽研；心智這門最偉大的科學則也非得專心致志、孜孜矻矻研究不可。

許多人對「專注」似乎有所誤解，認為你得先設定好一個努力的目標或活動才能專心，但其實完全相反。傑出的演員之所以能夠神乎其技，成功的關鍵在於演出時完全融入角色，渾然忘我，與扮演的角色融為一體，觀眾自然會為他的真實表演動容。這個例子適切說明何謂真正的專注，因此你應該是完全沉浸在自己的思緒中，深入探索自己的想法，以至於完全不察周遭其他一切毫不相關的事物。這種層次的專注程度將會帶來直覺的感知力、直接的洞察力，讓你能看穿自身關注的對象本質。

所有知識都是專注的產物，關於天地間的奧祕就是透過這種方式獲得的：心智變成了一塊磁石，為你求知的渴望引來了智慧，並讓它成為你的資產。

渴望多半隱身於潛意識，顯意識的渴望鮮少在客觀世界中實現，除非這個渴望可以立刻實現。潛意識的渴望會喚醒心智的潛能，讓難題自然迎刃而解。

透過專注，可以喚醒潛意識的力量，使其依照指示行動，協助我們達成目標。專注力的訓練需要能掌控生理、心理和肉體的本質。所有潛意識——包括生理、心理和肉體在內——都必須掌握在自己手中。因此，是否能夠體悟心靈的真理，決定了你能不能擺脫有限成就，達到將思想模式轉化為人格特質和意識的全新境界。

專注不是意味著光是動腦筋思考而已，也是指將這些想法化為實用價值的轉變過程。一般人往往不理解專注的真正概念，因此常嚷著「想要擁有」，卻從不渴求「成就自我」。他們多半不明白，兩者其實是相輔相成、密不可分，也就是說，你在覓得「身外之物」之前必得先找到自己的「領地」。三分鐘熱度毫無價值可言，唯有先打造強大自信才能實現目標。

心智可能會將理想定得很高，後來發現自己力有未逮；可能像是羽毛還沒長滿就想一飛沖天的雛鳥，結果遨遊天際不成，反倒摔得鼻青臉腫。不過這些都不能成為我們拒絕重新嘗試的藉口。

軟弱可說是心智成長的唯一障礙。把你的軟弱歸咎於生理局限或精神的不確定因素，然後從頭再來一次，只要不斷練習就能輕鬆掌握、臻至完美的境界。

天文學家專心致志緊盯著星體不放，因而發現天體的奧祕；地質學家心無旁騖地鑽研地下底層構造，從此我們有了地質學；其他學科亦然。人類全神貫注地解決人生的重大問題，才造就今日龐大、複雜的社會結構。

所有心智層面的發現與成就都源於熱切的渴望，再加上專注所致。渴望是最強而有力的行為模式，渴望越是堅持，獲得的發現就越值得信賴。渴望加上專注，將有助於我們揭開自然界的所有祕密。

所有心智層面的發現與成就都源於熱切的渴望，再加上專注所致。

直覺是高度專注下的產物

在實現偉大想法時，當體驗到與偉大想法一致的各種美好感受時，人的心智會進入一種狀態，讓我們能夠鑑賞更高層次事物的價值。

若能高度集中意念，加上對成為某種人、獲取某種事物的強烈渴望，就算只有短時間，所產生的力量能夠為你帶來的進展，極有可能比你花費數年緩慢且被動的努力付出更有成效。這種渴望能解放疑惑、軟弱、無力、自卑的枷鎖，你將因此體驗到克服自身弱點所帶來的樂趣。

透過堅持不懈、持之以恆的心理努力，你可以培育出自身的獨創性和進取精神。商業活動中強調「專注」的價值，並推崇果斷決策的性格；經商可以培育實際的洞察力和敏銳的推論能力。每一樁商業活動中都可窺見心智元素在其間運作，而且是占據主導地位；在交易過程中，渴望就是一股前導力量，所有商業關係都是理想的體現。

商業行為會孕育出許多重要的美德，可以明確且穩定地引導心智的發展，使心靈的運作更有成效。對一個人而言，最重要的便是強化心智，使它可以超越一切讓人分心的事物與各種的本能衝動，進而克服高層次自我（Higher Self）與低層次自我（Lower Self）之間的衝突。

我們全都像是一具發電機，但單有機械設備並無法發揮用處，只有心靈才能推動它運轉、使它發揮用處，使它能夠確實產生有效集中的力量。我們的心智好比一具引擎，它的動力巨大到難以想像；思想就是全能的力量，也是所有形式與事物的創造者、統管者。有形世界的任何能量，遠不足與思想的全能力量相提並論，因為思想賦予人類支配一切自然力量的能力。

思想以振動的型態運行，向外延伸並吸引那些將思考在有形世界建構出來時所需的一切必要素材。思想的力量沒有任何神祕性可言，專注就是指聚焦意識以期達到與關注對象合而為一的程度。我們的身體若想維持生命力就需要攝入食物，心智亦然，也需要吸收它所關注的事物，這樣才能獲得生命力並成長茁壯。

倘若你全神貫注在某一重要事項，直覺的力量就會開始運作，它會幫助你獲得資訊，並指引你邁向成功。

直覺無須訴諸經驗或記憶就可以取得答案，通常用來解決超越理性能力範疇的問題。直覺常常像是福至心靈的第六感，讓你驚喜萬分；它往往直截了當地揭露我們尋求許久的真理，就像是天外飛來一筆的靈感。直覺可以培養、開發，你若想培養直覺，就有必要認識它、欣賞它。倘若有一天它翩然而降，請提供接待皇室一般的隆重禮儀，如此一來它就會一再光臨。你越熱忱接待，它就會越頻繁造訪；但你若是視而不見或棄如敝屣，它就會越來越懶得上門，與你漸行漸遠。

直覺一向是來無影、去無蹤，偉大心智常常喜歡獨處，人生一切複雜困難的問題，

在靜默獨處的狀態下往往可以得到解答。為此，所有能力出眾的生意人多半都會擁有一間個人專屬辦公室，好讓他得以隔絕外界干擾；你若是負擔不起個人辦公室，至少可以找到每天都能獨處幾分鐘的據點，在此訓練自己的思維，以培養無敵的力量，它是你實現成就的必要元素。

你的力量取決於自身的心態

請謹記，潛意識基本上無所不能，當它被賦予行動力時，就沒有無法完成的事情。你能獲得何等程度的成就取決於你的願望本質，倘若它與自然法則或宇宙心智和諧一致，潛意識就會釋放你的心靈，賦予你戰無不勝的勇氣。

你每獲得一次勝利、每跨越一道障礙，都會讓自己進一步產生更強烈的自信、萌發更強大的力量贏得更多勝利。你的力量取決於自身的心態，要是你展現成功自信的心態，並懷抱不屈不撓的信念，就能從隱不可見的領域，吸引你默默要求的事物。

你只要心中牢記這個想法，它就會在客觀世界中逐漸成形。明確的目標會促使起因生成然後對外發展，在隱不可見的世界中為你找到實現目標的必要素材。

你可能正在追求代表力量的象徵而非力量本身；你可能在追求名聲而非榮譽；可能

是金錢而非財富；可能是地位而非主導權。不管是哪一種狀況，一旦你追到手之後很可能會發現，這些都不過是稍縱即逝的身外之物而已。

我們無法留住過早出現的財富或地位，因為它不是你親手辛苦掙來的成就。我們唯有先付出才能有所得。奢望不勞而獲的人總是會發現，補償原則會無情地運行，「天下沒有白吃的午餐」必然維持精準的平衡。

金錢與其他權勢的象徵一向就是人們熱中追逐的目標，不過你要是能體悟真正的權力之源，便無須牽掛上述事物。銀行帳戶有大量存款的人會發現，根本不必在口袋裡揣著沉甸甸的黃金；同理，找到真正力量之源的人也不會對經過粉飾的權力或贗品產生任何興趣。

思想時常招致外在世界發生變革，但你若把矛頭對準內在世界，它就會把握一切事物的基本準則、萬事萬物的核心與精神。一旦你能掌握萬事萬物的核心本質，相較之下就會比較容易理解並活用它們。因為，事物的精神就是事物本身，是其核心部分與真實存在。任何有形實體只是內在世界的靈性活動在外在世界轉化呈現的樣貌。

潛意識被賦予行動力時，將無所不能。

本週，你又離宇宙眞理更近一步……

- 所有知識都是專注的產物 心智變成了一塊磁石，為你求知的渴望引來了智慧，並讓它成為你的資產。
- 渴望是最強而有力的行為模式，渴望越是堅持，獲得的發現就越值得信賴。渴望加上專注，將有助於我們揭開自然界的所有祕密。
- 我們全都像是一具發電機，但單有機械設備並無法發揮用處，只有心靈才能推動它運轉、使它發揮用處，使它能夠確實產生有效集中的力量。
- 倘若你全神貫注在某一重要事項，直覺的力量就會開始運作，它會幫助你獲得資訊，並指引你邁向成功。
- 我們唯有先付出才能有所得。奢望不勞而獲的人總是會發現，「天下沒有白吃的午餐」必然維持精準的平衡。

心靈力量啓動練習17

本週，你的練習作業就是根據本週課程所傳授的方法，盡可能做到專注。不要為了達成某一特定目標而刻意去做什麼，請徹頭徹尾放輕鬆，不用為了結果好壞而焦慮。請謹記，力量源於放鬆。請讓思想圍繞著目標輕柔擺盪，直到與它完全合而為一、直到你渾然不察周遭事物。

如果你希望消除恐懼，就請聚焦勇氣。

如果你希望消除匱乏，就請聚焦富足。

如果你希望消除疾病，就請聚焦健康。

永遠專注在最理想的狀態，就如同它已經實現了那般。這樣的思想就像是一顆生殖細胞，是誘發起因，並促成行動的生命原則；一旦這些起因開始運作，就會引導、指揮並建立各種必要的連結，最終使你的目標轉化為實體。

隨堂小複習

Q1 何謂「專注」的正確方法？

A: 完全融入你的目標思想，以至於渾然忘我、不察周遭事物。

Q2 能如此專注會帶來什麼結果？

A: 啟動無形的力量，帶來與你的思想相應一致的境遇。

Q3 這套思考方法的控制因素是什麼？

A: 靈性層次的真理。

Q4 （承上題）何以如此？

A: 因為我們的一切願望，其本質必然與自然法協調一致。

Q5 這種專注方法有何實際的價值？

A: 思想會被轉化成人品，它正是塑造每個人周遭環境的磁石。

Q6 商業活動的控制因素為何？

A: 心靈層面的元素。

Q7 （承上題）何以如此？

A: 因為心智是一切形態與事物的創造者、統管者，所有事件都依此而生。

Q8 專注力會如何運作？

A: 培養人的感知能力、智慧、直覺和敏銳度。

Q9 為何直覺凌駕理性？

A: 因為它不倚賴經驗或記憶，而且經常借力我們無以一窺堂奧的方法解決我們的問題。

Q10 如果不追求真實而只追求其象徵物，結果為何？

A: 它們經常在我們追到手之後如塵埃一般消失。

第 18 週

吸引力法則

我跟其他人同樣都是
從宇宙心智分化的個體，
為何境況卻不同？
普通人
吸引力法則造就了
我們境況的差異。
心想事成
的幸運兒

來自「吸引力法則之父」的第18封信

為求成長，我們必須獲取必要養分，這是源自吸引力法則——正是這條法則讓個人從宇宙中分化出來。

試想，如果一個男人既非丈夫、父親也非兄長，而且一貫漠視社會、經濟、政治或宗教世界，那麼，這個人就什麼都不是，只是一個抽象理論的自我。由此可知，個人只有在與整體、他人、社會建立關聯，才能算是存在。這種關聯是構成他周遭環境的唯一方法。

因此，顯而易見的，個體就只是宇宙心智的分化，也就是「真光，照亮一切生在世上的人。」（譯註：出自《聖經》約翰福音1:9）人們所謂的個體化或人格化其實就只是個體與整體產生連結的方式。

吸引力法則造就了我們所謂的環境。接下來的課程將探討這個重要原理。

個體的生命差異，源於其體現宇宙智慧的程度

這個世界的思想觀念正在改變，這種變化在我們周遭悄然無聲地進行，這是自異教信仰衰亡以來，世界上最重要的變化。

眼前這場革命代表不同階級族群的各種意見，從最高層級、文化素養最高的精英到底層的勞工階級，象徵著人類歷史上空前的變革。

最近，人類透過形形色色的科學發現，挖掘出無窮無盡的資源、並揭露了龐大的可能性與未知的力量，使得許多科學家越來越難以確定某些理論的正確性與肯定性，也越來越難對某些說法徹底否定，斷定那些是荒唐不經、絕無可能的謬論。

新文明就此誕生。風俗、教條、陳規已成過去，改由願景、信念與服務取代。我們正逐步脫離傳統羈絆，由於唯物論的雜質已一一過濾淨化，思想一步步獲得解放，真理也因此得以在世人面前彰顯全貌。

整個世界置身於迎接全新覺醒、力量與意識的前夕。

物理科學已經成功將物質分解為分子、將分子分解為原子，再將原子分解為量子；隨後，英國科學家J．A．傅萊明（J. A. Fleming）更在皇家科學院（Royal Institution）發表演說中提到將能量分解為心智的方法。他說：「就能量的終極本質而言，唯有當它直接表現出所謂『心智』或『意志』的運作形態時，我們方有可能理解。」

這裡所謂心智就是駐留在我們內心的終極能量，既存在於物質也存在於心靈。它就是維持一切永續發展、使生命充滿能量而且無處不在的宇宙能量。

每一個生命個體都倚靠這全能的智慧才得以生存，而且我們也發現，人類個體之間的生命差異，泰半源於他們能夠多大程度地體現這種全能宇宙智慧而定。正是這門智慧使動物站在高出植物一個等級的位階，人類又比動物高出一個等級的位階。我們發現，透過個人控制行動模式的力量，可以增強智慧，進而自發自覺地自我調整以便適應周遭環境。

這個調適的過程占據最多心智的注意力，是認知宇宙心智的既有秩序。我們都知道，唯有先遵從宇宙心智之道，它才會聽命我們的吩咐。我們若能充分認知自然法則就可以縮短時空距離、翱翔於天際，也能設法讓鋼筋鐵骨航行在水面上。我們發展的智慧越高，就越能理解這些自然法則，也就越能擁有更高深、強大的能力。

宇宙心智藉由吸引力法則在客觀世界中彰顯

能夠體認到自我是宇宙智慧個體化的人，就可以支配那些還沒達到自我認知層級的其他人——因為他們還不知道宇宙智慧無處不在，隨時準備好行動；也不知道宇宙智慧有能力回應一切需求，所以他們才會受制於自身物種須依循的規律。

思想具有創造力，此原則建立於合理可靠的基礎上，也根植於萬事萬物的內在本質。不過，這種創造力並非源自於人類個體，而是發自宇宙，它才是一切能量與物質的泉源，個體不過是這種能量分流的管道。

宇宙創造各式各樣的組合，因而產生形形色色的現象，這些組合的行程取決於共振法則的現象，個體只是依循它的指示行事。原始物質發生振動時，當其運行頻率符合某種精準的比例時，就會創造出新的物質。

思想是一種隱不可見的連結，使個體得以與宇宙溝通、讓有限得以與無限交流、讓有形得以與無形相應；它也是魔法，讓人類蛻變成得以思考、求知、感覺與行動的存在個體。

正如我們的雙眼只要藉由適合的器械，就可以探索幾百萬英里以外的世界，適當的理解力可以讓人們與所有力量的來源——宇宙心智溝通。

只有理解力不一定有價值，就跟錄放影機沒有錄影帶是同樣的道理。理解力只是一種「相信」，不具任何其他意義。這就好比小說《食人島》（Cannibal Islands）上的野人也有自己的信仰，但並不能證明任何真理。

對人類而言，唯一具有價值的，就是能夠被公開檢驗並證實為真的事實；在這個過程之後，相信再也不只是相信，而是活生生的信仰或真理。

這個真理已經接受過成千上萬人檢驗，人們發現，真理彰顯的程度與我們使用裝置的有效程度互成正比。

我們若沒有精密的望遠鏡，就不用奢望可以親眼目睹數億英里以外的星球，為此，科學不斷演進，發展出更強大、更清晰的望遠鏡，讓我們持續瞭解天體知識，不斷獲取巨大回報。

人類理解力的領域也是如此，人們正一再地精進與宇宙心智、無限能力溝通的方法。

宇宙心智藉由吸引力法則在客觀世界中彰顯，每一顆原子對其他原子也都會產生吸引力，並無限地擴充下去。正是這結合、吸引萬事萬物的原則將一切連結成為一體。這原則通用於全宇宙，也是一切現有存在賴以成形的唯一途徑。

藉由這一宇宙原理的幫助，萬物成長都將達到最美麗壯觀的境界。

富足思想只會回應志同道合的意念

想要成長茁壯，就必須獲得能協助成長的必要元素。由於我們一直都是完美的思維實體，這種完美使我們只能接受我們所付出的。由此可見，成長建立在互惠的條件之上，我們會發現，同類事物會在精神層面上相互吸引，因為精神的共振只會回應那些能與它們保持和諧一致的共振。

所以，顯而易見，富足的思想只會回應那些志同道合的意念。人類的財富會與他的內在一致，也就是說，內在的富足正是吸引外在財富滾滾而來的祕密。我們發現，**創造生產的能力就是個人真正的財富資源，因此，如果一個人身、心、靈完全投入他著手進行的工作，那麼他的成功將永無止境。他會一而再、再而三地給予；但他付出越多，收穫也就越多。**

功成名就的華爾街金融大亨、產業領袖、政治家、企業律師、發明家、醫師與作家們，他們除了貢獻自己的思想力量，還能付出什麼以便促進人類福祉？

思想是一種借助吸引力法則運行的能量，最終體現在客觀世界的富裕充足。

宇宙心智是靜止狀態的心智，或者是處於平衡狀態的初始物質。我們的思考能力是宇宙心智的分化，而思想是心智的動態階段。

宇宙法則 26

宇宙心智是靜止狀態的心智，而思想是心智的動態階段。

力量取決於我們是否意識到它的存在；除非我們善用力量，否則我們就會失去它；除非我們意識到力量的存在，否則我們根本無法有效地善用它。

我們善用力量的能力取決於注意力集中的程度，我們越專注，獲取知識的能耐就越強。知識就是力量。

專注向來是天才與眾不同的特質，專注的培養必靠練習。

興趣能夠誘發專注，個人感興趣的程度越高，注意力就越能集中；注意力越集中就代表興趣更加高昂；這就是所謂的相互作用。付出注意力之後，很快地你就會感到興致盎然；當你感興趣，就會願意付出更多注意力，繼而引發更強烈的興趣，一直延伸下去，這種練習可以讓你培養出專注力。

心態會吸引同樣性質的事物來到你身邊。

本週，你又離宇宙真理更近一步……

- 人類個體之間的生命差異，泰半源於他們能夠多大程度地體現這種全能宇宙智慧而定。
- 能夠體認到自我是宇宙智慧個體化的人，就可以支配那些還沒達到自我認知層級的其他人。
- 思想是一種隱不可見的連結，使個體得以與宇宙溝通、讓有限得以與無限交流、讓有形得以與無形相應。
- 對人類而言，唯一具有價值的，就是能夠被公開檢驗並證實為真的事實。
- 人類的財富會與他的內在一致，也就是說，內在的富足正是吸引外在財富滾滾而來的祕密。

心靈力量啓動練習 18

本週，請聚焦在自己的創造力，從探索自身具備的洞察力和感知能力做起；嘗試為心中的信念找到相對的邏輯基礎。仔細思考這個事實── 人的肉身生存、行動在空氣之中，必須依賴維持有機生命的物質，因此我們必須呼吸空氣。接下來，請帶領思想沉浸在另一個事實── 人的精神生存、行動，也同樣必須吸收一種更微妙的能量才得以存續。在真實自然界中，如果沒有播下種籽，就不會有新生命開花結果，產出的果實也絕對不會比母體的植物來得更優秀。精神世界中的運作之道也是同理，唯有播下種籽才能結出果實，而且果實本身的優劣取決於種籽本質的良窳。由此可知，你的一切境遇都取決於你領悟這種因果循環法則的程度，這一領域可說是人類意識的最高境界。

隨堂小複習

Q1 個人生活中的差異由什麼來決定？

A: 根據他們能讓宇宙智慧在有形世界中展現到何種程度。

Q2 個人可以依循什麼法則，控制其他的智慧型態？

A: 體認到「自我就是宇宙智慧的個體化結果」。

Q3 創造力源於何處？

A: 宇宙。

Q4 宇宙如何創造各種有形實體？

A: 借助個人之力。

Q5 個人與宇宙之間透過什麼來連結？

A: 透過「思想」。

Q6 萬物之所以存在，是因為什麼原則？

A: 愛的法則。

Q7 這個原則如何對外展現？

A: 透過成長法則。

Q8 成長法則運作時有什麼先決條件？

A: 互惠行動。個體無時無刻都是完整的存在，因此我們唯有先付出，才能夠收穫。

Q9 我們要付出何物？

A: 思想。

Q10 我們能收穫何物？

A: 也是思想，這思想是處於平衡狀態的原始物質，且會依據我們所想的內容化為有形實體。

我的心中沒有所謂思想，

就算有也會迅速轉化為能量，

成為種種實現意圖的方式、手段。

——愛默生

第 19 週

心靈發電廠

我們看不見心智，
如何知道它是確實的存在？
普通人
心智真實存在、永恆不滅；
物質則是千變萬化、日新月異。
物質本身沒有原法則可言
，心智是唯一法則。
心想事成
的幸運兒

來自「吸引力法則之父」的第19封信

恐懼是一種強而有力的思想形式，會麻痺神經中樞，進而影響血液循環。

這個過程又會反過來癱瘓肌肉系統，以至於最終影響整個人體，包括身體、大腦和神經，生理、心理與肌肉。

當然，克服恐懼的方式就是自發自覺地認識力量。這股我們稱為力量的神祕重要外力究竟是什麼，至今我們一無所知。不過話說回來，前人也不知道什麼是電力。

但是現在我們都知道，如果遵循電力運作法則，它就可以成為百依百順的僕人，不僅可以照亮我們的屋舍和城市、運轉機器設備，還可以為我們提供許多其他服務。

同理，生命力也是如此。雖然我們不明白它到底是何物，甚至可能永遠無法一窺究竟，不過我們確實知道，它是一股在生命體中運作的重要力量，我們只要依循這股力量的法則和原理行事，就足以讓它的能量有如排山倒海般充塞胸臆，並進一步最大程度地釋放精神、道德和心靈的運作效率。

本週課程將簡述提升這股生命潛能的超簡易方法。倘若你能付諸實踐本課的資訊，很快就可以培養出力量感——就是天才獨樹一格的標誌。

精神世界只有一個運作法則

探索真理不是瞎子摸象一般的探險，而是一套系統化的進程，本身的運作合乎邏輯。人生的每一種際遇都有跡可循。

尋找真理的過程就是一趟探尋終極起因的旅程。因為我們知道，每種際遇都是一個結果，要是我們可以確認起因，且可以自發自覺地控制它，隨之而來的後果或際遇也就盡在我們的掌握之中了。

若此，我們的人生經歷將不再是一場命定的球賽，也不是機遇的產物，而我們將成為命中注定的寵兒。我們應該像船長掌舵船艦、像列車司機控制火車一般穩穩地掌控命運和機遇。

萬事萬物最終都可以歸結在同一元素中，由於它們之間具有接二連三相互轉化的關係，因此必定是互相牽連，而非互相對立。

在實體世界裡，到處有不勝枚舉的對立事物，或許是為了方便之故，全都被賦予不同的名稱，從尺寸、顏色、形狀到萬物的終極；有「北極」、「南極」；有「內在」、「外在」；「實體」、「虛擬」等。但是所有這些詞彙，都只是用來描述這些極端對比的狀態而已。

所有獨立事物的兩大面向都擁有各自的名稱，然而，這兩大面向卻互有關連；它們

並非截然分開的實體，而是一體的兩面。

我們發現，精神世界的法則也是如此。我們會說人「有知識」和「無知」，但「無知」不過就是缺乏知識，只是用來表達知識不足的詞彙；就本質而言，它並不具備任何法則。

我們也發現，道德世界的法則也一樣。我們會說「善」與「惡」，所謂「善」多半是事實，是明確行為；而所謂「惡」不過就只是反過來的狀態，也就是「無善」。「惡」看似是一種真實的存在，其實沒有規則可循，沒有生命也沒有活力。我們會這麼確定是因為邪不勝正，就像真理永遠都會戰勝謬誤、光明永遠驅散黑暗一般。由此可知，在道德世界中只有一個法則。

心靈世界中也有同樣精確的道理。我們以為「心智」與「物質」就像獨立的兩大實體，但如果具有明晰深刻的洞見，就會發現精神世界中其實只有一個運作法則，即心智法則。

一切變化不過是宇宙心智的演變

心智真實存在、永恆不滅；物質則是千變萬化、日新月異。我們知道，在無限浩瀚的時間長河中，百年或一日幾無區別。假使我們置身任何一座大都市，目光駐留不計其數的宏偉高樓，它們是現代物質文明帶來的便利，我們可能會突然想起，這幅畫面並非一百年前的人類所能想像的景況。假使我們可以穿越到從現在開始計算的一百年後，我們應該也會發現，屆時早已物非人非了。

我們在動物王國中發現了相同的變化法則。幾億隻動物都歷經生死榮衰，終其一生不過短短十多年；植物世界的生命週期就更短了，許多植物都是綠意盎然地展現風華，只一年內就枯萎凋零。當我們觀察無機物的世界，期望從中找到比較真實永久的存在，但有人告訴我們，腳下踩踏的堅實大地曾經是波濤洶湧的大洋、巍峨高山曾經是平靜湖泊；當我們敬畏地站在優勝美地峽谷區（Yosemite Valley）的險峻懸崖前方，可以輕易地追蹤冰河鑿刻留下的斑斑路徑。

我們置身瞬息萬變之中，知道這一切變化不過就是宇宙心智的演變，萬事萬物都在這個恢弘壯觀的過程中不斷更新；我們也因此知道，物質不過是心智彰顯在外的一種形式，因此只是一種型態。**物質本身沒有原法則可言，心智是唯一法則。**

宇宙法則27

一切變化不過就是宇宙心智的演變，
萬事萬物都在這個恢弘壯觀的過程中不斷更新。

若此，我們就會知道，心智是運行於物質、精神、道德和心靈世界的唯一法則。

我們也知道，心智靜如止水，處於靜止狀態；我們還知道，人類個體的思考能力可以對宇宙心智產生作用，並將它轉化為動態心智的能力，或者可以說是運行中的心智。

我們若想達成上述目標，就必須吃飽喝足，因為食物就是我們的動力燃料。我們若是粒米未進就無法思考，所以我們發現，如果不能善用物質提供的好處，我們就無法將思考這類精神活動轉化為快樂和福祉的來源。

我們需要利用某種形式的能量才能轉化電力為動態能量，就像植物生長茁壯，必得需要陽光提供必要能量，因此當我們充分思考後依據宇宙心智法則採取行動，必得要先進食以便產生能量。

你或許知道，思想會不斷地自我塑型、尋求表達之道，或者其實你還沒意識到這一點，但不變的事實是，**如果你的思想力量強大、具有建設性，而且正面積極，它就會體現在你的健康狀態、事業表現以及生活環境等面向；反之，要是你的思想偏向軟弱、苛刻、具有破壞性，而且負面，就會體現恐懼、憂慮、緊張在你的身體狀況；體現匱乏、局促在你的財務狀況，也體現不和諧在你的外部環境上。**

心靈力量發電站的原料

所有財富都是力量的產物，事物唯有被賦予力量才具有真正價值；事件唯有產生影響力才顯得出分量。萬事萬物各自代表特定形態和程度的力量。

我們明白，因果循環的道理充分體現在蒸汽、電力、化學力、重力原理中，能協助我們勇敢地制定並執行計畫。這些法則統稱為「自然法則」，因為它們掌理物理世界。不過並非所有力量都是物理力量，也有精神力量、道德力量與心靈力量。

我們的中、小學及大專院校除了是心靈力量的發電站，即培育精神力量的場所，還有其他作用嗎？

許多馬力強大的發電站應用電力就可以推動重型機械運轉，因此我們得以蒐集大量原料，並將其轉化成生活必需品及更進階的舒適享受。同理，心靈力量發電站也會蒐集大量原料，悉心培育並發展成一股力量。儘管大自然中有許多神奇美妙的外力存在，但我們的精神力量具備了更無窮無盡的優勢。

那麼，被蒐集到全世界成千上萬座精神力量發電站，進一步被開發成足以控制其他力量的能量，其「原料」究竟是何物？它的靜態形式就是心智，動態形式則為思想。

這種力量凌駕一切，因為它高踞在更崇高的層次，因為它讓人類得以發現自然界的各種法則，進而納用這些力量取代成千上萬人辛苦勞作，終而超越時空距離，戰勝重力原理。

思想是一種至關重要的力量和能量，近半個世紀以來已經創造了令人嘖嘖稱奇的成果，這些成果都是五十年或甚至二十五年的人類無法想像的奇蹟。要是短短五十年間組織這些精神發電站就獲得如此斐然的成果，再過個五十年之後還有什麼是我們無法達成的呢？

用來創造萬事萬物的原始物質是無窮無盡的。我們知道，光行速度每秒十八萬六千英里；我們知道，遠在天際的星辰散發光芒也得花上兩千年才能傳到地球；我們知道，星辰密布蒼穹；我們也知道，光速是以波浪形式傳播，因此要是傳播光線的乙太（ether，譯註：一種充滿宇宙的可流動微粒，也稱第五元素）不連續，光線根本無法穿越漫長距離抵達地球。於是我們只能歸納出以下結論，乙太這種物質就是一種原始材料，充斥整個宇宙。

這麼說來，它又是何種形式體現呢？就電力科學而言，連接電池的正、負兩極就會形成電路，一旦有電流通過就會產生能量。同理適用於任何帶有兩極的物體。由於所有事物的外在形態皆取決於共振頻率導致的原子之間的互相連結，如果我們期望改變有形世界中的形體，就必須先改變兩極。這就是所謂因果法則的原理。

思想是一種至關重要的力量和能量。

本週，你又離宇宙真理更近一步……

- 克服恐懼的方式就是自發自覺地認識力量。
- 心智真實存在、永恆不滅；物質則是千變萬化、日新月異。
- 每種際遇都是一個結果，要是我們可以確認起因，自發自覺地控制它，隨之而來的後果或際遇就盡在我們的掌握之中。
- 心智是運行於物質、精神、道德和心靈世界的唯一法則。
- 用來創造萬事萬物的原始物質是無窮無盡的。

心靈力量啓動練習 19

本週，你的練習作業就是集中心念，當我強調「集中心念」這四個字，完全意指字面上的意思，也就是身、心、靈完全沉浸在思維目標中，以至於渾然忘我，不察周遭。請務必每天花幾分鐘練習。你花費必要的時間吃飽喝足，就是為了供給身體充足養分，何不也花些時間吸收精神食糧？

且讓思想停駐在這個事實——所有表象皆虛無；地球不是平的，也不是靜止不動；天空不是一顆圓頂半球，太陽其實靜如泰山，星辰並非僅發出微弱光芒，物質也不如我們所想那般恆定不變，甚至它其實一直都是處於恆動狀態。

請試圖理解，此刻正是破曉時分，這一天很快就會來到，屆時我們將會明白越來越多永恆運行的宇宙原理，所有思想、行為模式都會據此自我調整。

隨堂小複習

Q1 各種極端情況如何形成對比？

A: 人為賦予它們不同的名稱，好比內、外；上、下；深、淺；善、惡。

Q2 它們都是獨立實體嗎？

A: 不，他們都是同一整體的不同面向。

Q3 身、心、靈世界中唯一的創造性原則為何？

A: 宇宙心智，或稱為萬事萬物賴以運行的永恆能量。

Q4 我們如何與這個創造性原則產生關連？

A: 借助我們的思考能力。

Q5 這個創造性原則如何運作？

A: 思想是種籽，會帶來行動和行動所產生的結果。

Q6 各種有形實體的樣貌取決於哪種因素？

A: 依據共振的頻率。

Q7 如何改變共振的速度？

A: 借助心靈層面的行動。

Q8 心靈層面的行動取決於何物？

A: 端賴「極性」——個人和宇宙之間的相互作用。

Q9 創造性能量源於個人還是宇宙？

A: 宇宙，但宇宙唯有透過個人的思考才得以體現。

Q10 為何個體是不可或缺的？

A: 因為宇宙處於靜止狀態，需要能量才能讓它動起來。人的思想就是動態的心智，如果沒有個體的思想，宇宙就只是靜態的心靈能量。

靜默的思想終究是人類生活中最強大的手段。

——美國傳教士威廉・艾勒里・錢寧

（William Ellery Channing）

第20週

與宇宙合一

為何我就是無法感受到
自身與宇宙心智的一致性？
普通人
內心的平靜狀態是接受
宇宙智慧的必要條件。
心想事成
的幸運兒

來自「吸引力法則之父」的第20封信

多年來，人類沒完沒了地討論惡之源頭。神學家一向主張神就是愛，上帝無所不在。倘若為真，上帝應該充滿每一寸空間，那麼邪惡、撒旦與地獄會在哪裡？

讓我們來研究一下：神是靈，靈就是宇宙的創造性法則。人是按照上帝的形象和樣式所造，因此，人也是靈性的實體。靈性掌握的唯一活動就是思考的力量，因此，思考是一種創造的過程。世上的一切有形實體都是思考過程產出的結果，有形實體的崩壞也是思考過程產出的結果。

以虛幻形式呈現的形體，歸因於思考的創造力；顯現在外的實體，同樣也是思考的產物。各式各樣的發明創造、組織及建設性活動，都是思考的創造力量在專注狀態下的產物。

當思想的創造力彰顯對人類有益的結果，我們稱之為「善」；當思想的創造力體現對人類有害的結果，我們稱之為「惡」。

這就是善與惡的起源。兩者不過是我們用來描述結果的字彙，是思考過程創造的結果。思想必然先於行動並且決定行動；行動則必定先行且決定了結果。

本週課程將深入闡釋這個重要的主題。

「天國」自在心中，不假外求

事物的精神就是其自身，它必然堅固穩定、且永恆不變。你的精神就是你的真我，一旦它消逝無蹤，你也就等於一無所是。你越能認識精神及其各種可能性，它就越是活躍。

你或許坐擁全世界的金山銀庫，但除非你真正認識它的本質、善用它的好處，否則它毫無價值。同樣的道理也適用於你的精神財富：除非你真正認識它的本質、善用它的好處，否則它毫無價值。獲得精神力量的唯一條件就是善用它、認識它。

所有偉大事物都源自認知，我們的自覺意識就是力量的權杖，思想則是它的使者，使者持續地將無形世界轉化為客觀世界的境遇和環境。

思考是人生最真實的意義，力量則是思考的結果。你終其一生都與思想和意識的神奇魔力打交道。長久以來，你若是一貫對這股可以自己掌控的力量視而不見，究竟還能期待得到什麼結果？

只要你真如上述所言毫無作為，就會受到表面條件的局限，結果就是讓自己成為懂得思考的人的牛馬。他們很清楚自己有多大能耐，也知道除非我們主動開始思考，否則我們就會受到別人奴役；而我們想得越少，做得就越多，賺得卻越少。

力量的奧祕在於徹底領悟心智的原則、力量、方法和組合，也徹底理解我們與宇宙心智之間的關係。請謹記，此原則不容或變，要是稍有更動就再也不可靠了。所有原則都不容或變。

法則的穩定性就是你的機遇。你就是它的動態屬性、是它的活動管道，宇宙只能借力個體採取行動。

一旦你認知到宇宙的本質就在你心中，亦即宇宙的本質就是你，那就是你成就事業的開端；你會開始感受到自身的力量，就像乾柴遇到烈火一般激發出你的想像力，它就是點燃靈感的火炬，提供思想一股生命活力，讓你與宇宙之間所有隱不可見的力量產生聯繫。正是這股力量鼓勵你大膽無畏地制定計畫，並勇敢果斷地執行。

但是，這種認知只有透過平靜的心境才能產生，平靜是實現所有偉大目標的必要條件。你是一個形象化的實體，想像力是你的工作室，你的理想就是在這裡具體成形。

徹底理解這股力量的本質是展現這種力量的必要條件，務請一而再、再而三地探索這個方法，如此一來，無論是什麼場合，你都可以將它發揮得淋漓盡致。無限的智慧將隨著這個方法翩然而至，屆時我們隨時都能福至心靈地感知，全能的宇宙心智將有求必應。

我們可能不認識內心世界運作之道，因此將它排除在我們的意識之外。不過它仍是萬事萬物的基礎，一旦我們體悟這層道理，我們會發現，所謂「天國」自在心中，不假外求，包括所有的人、事件、事物與各種環境皆然。

獲得精神力量的唯一條件就是善用它、認識它。

我們的失敗也是同一原則運作的結果。原則本身不容改變，其運作精準無誤，毫無偏離。如果我們一心想著匱乏、局限、混亂，我們就會發現自己滿手爛牌；如果我們一心念著貧困、不幸或疾病，思想的使者就會像法院傳票一樣為我們帶來這些劫難，這就是必然結果。倘若我們懼怕災難，就會像敬神畏惡的約伯（Job）一樣呼喊：「我所恐懼的臨到我身，我所懼怕的迎我而來。」（譯註：出自《聖經》。約伯記3：25）假使我們想的是冷酷無情或懵懂無知，就會因此召喚無知的惡果降臨自身。

若能適切理解、正確應用思想的力量，它將成為人類夢寐以求節省人力最神通廣大的裝備，但若是一知半解或不當應用，極有可能引發各種慘不忍睹的災難性後果，這些我們都已經親眼目睹了。你借助這股力量就可以充滿自信地去執行每一樁看似不可能的任務，因為它是所有靈感和天才身上才看得見的祕密。

平靜是接收智慧的必備要素

獲得靈感意味著擺脫困境、衝破泥淖，因為非凡的結果需要採取非凡的手段。一旦我們認識到萬物的一致性，也體認所有力量皆源於其中，就能開發靈感的泉源。

靈感是接收的藝術，是自我實現的藝術，是個體心智根據宇宙心智自我調整的藝術，是活用適當機制發揮所有力量的藝術，是區分無形和有形的藝術，是宇宙無限智慧流通的管道，是將完美具象化的藝術，是體認無所不在的全能力量的藝術。

我們應當領悟並珍惜這個事實：無限力量實際上無所不在，會存在無限微小之中，也會存在無限廣大之中，唯此我們才能吸收其精髓，並進一步理解另一個事實，即這股力量就是一種精神，因此不容分裂。唯有如此，我們才能隨時隨地珍惜它的存在。

我們若想徹底理解上述事實，首先就得從理智層面著手，繼而訴求情感面，如此才能從無限力量的汪洋大海中掬一瓢暢飲。光是理智的理解不會帶來什麼幫助，情感也必須融入行動。思想必須結合情感，不帶情感的思想猶如寒冰。

靈感源於內在，不假外求。**平靜是必備要素，必須讓感官功能靜止、肌肉徹底放鬆，並養成平靜的心境。當你感受到平靜與力量，也就準備好接受資訊、靈感或智慧，這些都是發展個人目標不可或缺的元素。**

請勿拿這些方法與通靈術混為一談，兩者毫無共同之處。靈感是一門接受的藝術，

宇宙法則29

思想必須結合情感，不帶情感的思想猶如寒冰。

為所有人打造最優質生活。你的人生志業就是領會並應用這些隱不可見的力量，而非讓它們駕馭並統治你。力量意味服務、靈感象徵力量，充分領會並運用這套發揮靈感的方法，將使你成為超群不凡之人。

如果我們有意識地呼吸，那麼每一次吐納都會讓我們的生活變得更充實。這個「如果」是非常重要的前提條件，因為意念掌管專注，你若缺乏專注，就只能獲得和其他人一模一樣的成果。這就是「供需平衡」的道理。

你若想獲取源源不絕的供應，就應該增加需求；隨著你有意識地增加需求，供應就會隨之而來。屆時你將發現，自己正在享受一段生命力、能量與活力的供應源源不絕的人生。

箇中道理不難理解，但還有一個鮮為人知的生命奧祕，要是你能納為己用，就會發現它是生命最偉大的事實。

有人告訴我們：「我們活在祂裡面、存在於祂裡面，也在祂裡面行動。」他們還告訴我們，「祂」就是精神、就是愛，所以每當我們呼吸時，就會吸取生命力、愛與精神。這就是所謂的氣能量，或稱為氣場乙太，我們無法片刻離開它。它就是宇宙能量，也是太陽神經叢的生命力。

每次呼吸，我們的肺部吸入空氣，同時也是吸入本身就是氣能量的氣場乙太，如此一來，我們就擁有一個與全生命、全智慧與全物質建立聯繫的機會。

如果你能透澈理解自己與這掌控全宇宙的原則之間的一體性，就可以自發自覺地與它保持一致，於是你就能明白使自己掙脫疾病、匱乏與局限的科學法則。事實上，它讓你可以呼吸到「生命的氣息」。

這一股「生命的氣息」是一種超意識的實體，是「真我」的本體，是純粹的「本質」，也就是宇宙物質；若我們的自覺意識與它保持和諧統一，就能讓它落地生根，因而得以發揮各種創造性力量。

永恆法則不會允許你「種豆得瓜」

思想是一種具創造性的共振頻率，我們的思想品質決定了我們的環境品質，因為我們無法展現自己不曾擁有的力量。我們必須先「是」，才能「做」，而且我們只能「做」到我們「是」的程度。因此，我們的所作所為必將與我們所「是」的本質一致，而我們「是」什麼，則由我們「想」什麼來決定。

每當你開始「想」，就相當於啟動因果關係的列車，因果關係會創造出與思想狀態完全一致的外在環境。與宇宙心智保持一致的思想就會引發相應的良好結果；反之，具有破壞性或是混亂不和的思想則會產生相應的不良結果。只不過，永恆不變的法則絕對不會允許你「種豆得瓜」。你大可隨心所欲地應用這些神奇的創造力，但最終都是由你自己承擔後果。

這就是所謂意志力會引發的危險。有人認為他們可以透過意志力迫使宇宙法則改變，自以為只要發揮意志力就能「種豆得瓜」，改變結果。然而，創造力的基本原則存在宇宙之中，想要透過意志力強行迫使宇宙力量依從我們的願望，就是一種扭曲的錯誤概念。它有可能會獲得一時的成功，但終究會落得一敗塗地的下場，因為這種方法與它想運用的宇宙力量彼此衝突。

這種方式是要讓「個人」去強迫「宇宙」，讓「有限力量」去對抗「無限威力」。我們唯有自發自覺地與不斷大步邁進的宇宙整體合作，才能最大程度地創造永恆幸福。

你就是宇宙的本質。

本週，你又離宇宙真理更近一步……

- 法則的穩定性就是你的機遇。你就是它的動態屬性、是它的活動管道，宇宙只能借力個體採取行動。
- 力量的奧祕在於徹底領悟心智的原則、力量、方法和組合，也徹底理解我們與宇宙心智之間的關係。
- 平靜是必備要素，必須讓感官功能靜止、肌肉徹底放鬆，並養成平靜的心境。
- 你若想獲取源源不絕的供應，就應該增加需求；隨著你有意識地增加需求，供應就會隨之而來。
- 我們的思想品質決定了我們的環境品質，因為我們無法展現自己不曾擁有的力量。我們必須先「是」，才能「做」，而且我們只能「做」到我們「是」的程度。

心靈力量啓動練習 20

本週，你的練習作業是進入「靜」的狀態，並專注於這個事實：「我們活在祂裡面、存在於祂裡面，也在祂裡面行動。」這句話分毫不差、禁得起科學檢驗！因為有祂，你得以是你；如果祂是無所不在的，那祂肯定就在你裡面；如果祂存在於萬有，那你肯定就在祂裡面！如果祂是所謂的精神，你就是依照「祂的形象和樣式」所造，你的精神和祂的精神唯一不同之處僅在於程度有別，因為你是祂的其中一部分，在特性上必然與整體完全一致。一旦你清楚理解這一點，就會發現思想創造力背後的祕密，發現一切善惡的源頭，瞭解專注的偉大力量奧祕所在，還會發現解決所有問題的關鍵，不管是健康、財務還是環境層面的問題。

隨堂小複習

Q1 如何才能得到力量？

A: 對力量有所認知並善用它。

Q2 何謂認知？

A: 意識到它的存在。

Q3 我們如何認識力量？

A: 動腦思考。

Q4 若此，人生最重要的是什麼？

A: 以符合科學的方式正確地思考。

Q5 何謂正確的科學思考？

A: 根據宇宙意志自我調整思維過程的能力。換句話說，我們必須與自然法則合作。

Q6 我們該如何實現？

A: 確保自身完美理解原則、力量、方法和各種心智組合的產物。

Q7 這裡說的「心智」是什麼？

A: 宇宙萬物的基本。

Q8 所有匱乏、限制、疾病和不和源於什麼原因？

A: 源於相同的法則。宇宙法則會召喚我們所想的事物，如果心裡想著匱乏、限制、疾病和不和，就會發現生活中滿是這些狀態。

Q9 何謂靈感？

A: 靈感是去體會那無所不知、無所不在力量的藝術。

Q10 我們的遭遇取決於何物？

A: 取決於我們思想的質量。因為我們所做的事情取決於我們是什麼樣的人，而我們是什麼樣的人則取決於我們的想法。

第21週

善惡源頭的奧祕

為什麼有些人就是能夠
成就非凡事業？
擁有偉大恢弘的想法，
能為你消除障礙，
邁向成功。
普通人
心想事成
的幸運兒

來自「吸引力法則之父」的第21封信

很榮幸隨函附上第二十一週課程。在課文的第七段，你會瞭解：獲取成功的祕訣、取得勝利的方法、過往先賢們的共同成就即：抱持偉大的想法。

你會在第八段看到，進入意識的任何思想，無論駐留的時間長短，都會在我們的潛意識烙下印記，創造性能量就會以這個印記為樣本，建構出我們的生活與環境。「禱告」的神奇力量就源自此。

我們知道，法則掌控宇宙。所謂事出必有因，只要是相同的起因，在相同的條件下必定產生相同的後果。

因此，倘若祈禱曾經獲得回應，那麼只要遵循合適的條件，禱告將會永遠獲得回應。這一點必然真實不虛，否則宇宙將一片混沌，而非井然有序的運作體系。

因此，祈禱獲得回應必定是受到法則的支配，而且這法則必然絕對、準確、科學，就好比重力與電力法則一般。前人充分理解這法則，因此基督教的基礎得以脫離迷信的範疇，從此奠基於科學的堅實基石上。

然而，遺憾的是，鮮少有人明白應該如何祈禱。他們知道有所謂電力、數學與化學的原理，卻不知箇中原因為何，他們從來沒想過，這世界上有精神法則存在，這些法則也同樣明確、科學、精準，一直以來都分毫不差地運行著。

獲取成功的一大祕密：偉大的思想

力量的真正奧祕在於覺察力量的存在。宇宙心智毫不保留，因此我們越能清楚認知自己與宇宙心智一致，就越不易受到外在的條件和限制所困；當我們掙脫條件和限制的枷鎖，我們就能實現隨心所欲的境界。我們使獲得自由！

一旦我們認識內心世界這取之不盡、用之不竭的力量，就能開始從中擷取力量和勇氣，然後應用它為我們帶來的許多可能性。這是因為，不管我們意識到什麼，它都會在客觀世界中彰顯，並以有形的方式呈現在外。

正因為無限心智是萬事萬物之源，萬物生成只有一個源頭，不可分割，任何個體都是這永恆能量得以展現的管道之一。我們的思考能力就是影響宇宙實體的能力，我們思考什麼，就會在客觀世界中創造什麼結果。

這個發現堪比奇蹟，意味著心智的特質超凡、數量無限，而且還蘊含無窮無盡的可能性。我們若能意識到這股力量，就能成為「通電線路」，它的效果就跟把一條普通的電線接上帶電的線路一樣。宇宙本身就是帶電的線路，其乘載的能量足以供你應付個人生活中層出不窮的問題。一旦個人的心智觸及宇宙心智，就能接收到所需的全部能量。這就是內在世界的作用。所有科學都認同這事實，所有力量都取決於我們認知這個世界的程度。

消除不完美境遇的能力仰賴心理活動，心理活動則仰賴你認知力量的程度。因此，我們若是越能自發自覺地認識到自己與所有力量之源的一致性，就越有力量可以控制所有的外部環境。

大規模的理念會消滅低微的想法，只要心中常存恢弘的偉大理念，就可以抵消、摧毀一切渺小且不良的障礙。這麼做可以讓你掃除前方的障礙，自發自覺地意識到一個更寬闊的思想領域，進而提升精神能耐，同時也讓自己能在適當的位置上，實現更有價值的任務。

懷抱偉大的想法，是成功的一大祕訣、取得勝利的一大途徑、成就聖賢的一大條件。心智的創造性能量在應對大狀況時，也能和應對小狀況時一樣遊刃有餘，無論是無限大或無限小的事物，心智都存在其中。

一旦我們理解到關於心智的諸多事實，就會明白可以如何在意識中創造相對應的狀態，然後為自己創造那樣的現實。因為事物無論在我們意識駐留的時間長短，都會在潛意識中烙下印記，進而形成一幅藍圖，創造性能量則會依照這幅藍圖織就我們的生活和環境。

我們的境遇由此而生，我們發現，生活不過就是自身思想和心態的映射作用；然後我們也看到，正確思考是一門科學，它廣納了所有學問在內。

我們研究這門科學後得知，每一個想法都會在大腦中烙下印記，這些印記會創造心靈傾向，所有的傾向會創造性格、能力和意圖。由性格、能力和意圖組合而成的行動則決定了我們在生活中遭遇的一切經歷。

這些經歷透過吸引力法則來到我們的生活中，然後體現在我們身上，透過宇宙法則的作用，我們在外在世界的經歷，會與我們的內在世界和諧一致。

人的天性可以被理想形塑

主導思維或心態就像一塊磁石，這個法則就是「同性相吸」。因此心態總會為你吸引與其本質相應一致的外在境遇。

這種心態就是我們所謂的人格，是由我們心智產生的想法組成；因此，假使我們期盼自己的境遇改變，唯一必要之舉就是改變我們的想法。只要改變想法，就會改變我們的心態、人格、周遭事物與環境，以及我們生活中的境遇。

宇宙法則 30

每一個想法都會在大腦中烙下印記，這些印記會創造心靈傾向，所有的傾向會創造性格、能力和意圖。

儘管改變心態並非易事，不過你若是可以堅持不懈地努力，終有一天仍會實現。當我們的大腦中攝下精神圖像，心態就此成形，要是你不喜歡眼前的圖像，那就除去其間帶有負面作用的成分，然後重新繪製一張新圖像。這就是具象化的藝術。

只要你完成這個步驟，就會開始磁吸一些新事物，這些新事物將和你的新圖像相互應和。請試著這麼做：將你期盼在客觀世界中實現的目標化為圖像，烙印心中，然後持之以恆地守護這幅圖像，直到終有一天它化為現實。

如果說實現願望需要決心、能力、天分、勇氣、力量或任何其他精神能量，那麼渴望也應該是其中不可或缺的要素。這些都是你的精神圖像所需的必要關鍵元素，請將它們融入其中，讓它們成為精神圖像至關重要的成分。它們是情感和思想的結合，由此創造出不可抗拒的魔力，進而為你吸引所需要的各種元素。它們會在你的精神圖像中注入生命力，這股生命力意味著成長，只要它開始成長，必然就會結實纍纍。

無論你投入什麼事業，都應該毫不猶豫地追求自己所能達成的最高境界，因為心智力量隨時隨地都願意伸出援手，協助你將這最崇高的志願化為行動、成就與事件。

有關心智力量如何運作，有個具體例子足以適切說明，它其實非常類似我們養成習慣的模式。我們動手做一件事，然後一而再、再而三地反覆實踐，而且一再從頭來過，直到有一天它變得易如反掌，甚至是習慣成自然。反之，如果想破除任何壞習氣，道理如出一轍。我們只要停止繼續做同一件事，甚至一而再，再而三地繞道而行，終有一天我們也可完全擺脫陋習。倘若我們偶爾失敗，也絕不應該從此灰心喪志，因為這條法則顛撲不破、無往不利，還會嘉許我們的每一次努力、每一次成功，即使我們的努力和成功偶爾會進一步、退兩步。

這個法則可以為你服務的範圍毫無限制，你要相信自己的理念，記住，**人的天性可以被理想形塑，你只要持續抱持著理想已是既定事實的想法即可。**

神聖心智即宇宙心智

生命中唯一的戰爭就是為理念奮戰，這可說是一場少數對決多數的戰爭。其中一方是具有建設性、創造性的思想，另一方則是具有破壞性、負面的想法。創造性思想受理想支配，而破壞性與負面的想法則受表象操弄。兩派各有代表陣營，包括科學家、文學家和實業家。

創造性思想這一方的代表就是那些花時間埋首實驗室，或緊盯著顯微鏡和望遠鏡觀察細節的人；與他們並肩的戰友則是商界、政界以及科學界的權威人士；負面消極思想這一方的代表就是那些花時間鑽研法律與前例的人、誤把神學當宗教的人、錯把權力當權利的政客，還有成千上萬喜歡舊規勝過進步的普通老百姓，他們總是回顧而非前瞻、只看表象，卻對內在世界一無所知。

說到底，我們共可區分成兩大派，所有人都得選邊站；要不是向前走，就是向後退。在這個瞬息萬變的世界裡，沒有所謂靜止不動。正是因為有太多想要維持原狀的人，才為那些專橫霸道、不公不義的陳規陋習，提供了諸多保障和力量。

我們置身一個日新月異的時代，隨處可見的騷動局面就是明證。沖天的民怨就像是天空中的轟隆雷鳴，始自低沉而威嚇的悶響，逐次加大聲響，終至穿透層層烏雲，同時閃電也劃破長空、劈裂大地。

所有在產業、政治和宗教世界前線巡邏站崗的哨兵們焦慮難安地互相探詢：「守望的啊，夜裡如何？」（譯註：《聖經》以賽亞書21：11）他們試圖保有守護的領域，如今正迎來一天比一天強烈的危機和不安。全新時代的黎明必將宣告，現存的秩序即將告終。

舊體制與新時代之間的角力、社會問題的癥結，完全就是人類智慧對宇宙的信念問題。一旦他們體認到，宇宙心智的超級力量原本就根植於每個人心中，很可能就會制定出相關的律法，亦即應當尊重多數人的自由和權利，而不是少數人的特權。

儘管社會氛圍鼓動一波波的抗議浪潮，但只要每個人依舊認為宇宙力量是一種人類所不能及的力量，少數的特權階級就很容易假借神權來確立他們統治的正當性。因此，民主的真正要義便在於提升、解放並認知人類精神的神聖性，以及去理解所有力量都源於內在，沒有人會擁有比其他人更多的權力，除非人們自願雙手奉上。舊體制讓我們相信，立法者的地位高於法律；當「上帝揀選之人」的宿命論成為約定俗成的教條，特權和不平等所帶來的形形色色社會犯罪便根源於此。

神聖心智就是宇宙心智，它不允許任何例外、不允許偏袒任何一方；它不會順著心血來潮或一時憤慨、嫉妒和忿恨就胡作非為；它無視討好逢迎、甜言蜜語，也不會因為同情或憐憫他人的要求，就隨便提供人們幸福或生存所需之物。神聖心智對所有人都是一視同仁，絕無例外，如果有人能夠理解並體悟自己與宇宙心智的一致性，他就很可能受到眷顧，因為他已經找到所有健康、財富和力量的泉源。

追求自己所能達到的最高境界。

本週，你又離宇宙真理更近一步……

- 法則掌控宇宙。事出必有因，只要是相同的起因，在相同的條件下必定產生相同的後果。
- 一旦個人的心智觸及宇宙心智，就能接收到所需的全部能量。所有力量都取決於我們認知這個世界的程度。
- 懷抱偉大的想法，是成功的一大祕訣、取得勝利的一大途徑、成就聖賢的一大條件。
- 我們只要停止繼續做同一件事，甚至一而再，再而三地繞道而行，終有一天我們也可完全擺脫陋習。

心靈力量啓動練習 21

本週，你的練習作業就是集中心念思考你所學到的真理。請理解，真理會帶給你自由，也就是說，當你學會善用正確的科學方法與精神法則，就會發現自己在邁向成功的道路上，沒有任何事情可以成為永遠的障礙。你得明白，你正在利用內在心靈的力量具體化外部環境；你也得知道，平靜提供你無窮無盡的機會，喚醒你對真理的最高認識。試著理解，全能力量本身就是絕對的平靜，其他一切都是變、動與局限。因此，當你集中心念進入平靜之境，才是探索、召喚，進而表現內在世界非凡潛力的唯一正道。

隨堂小複習

Q1 獲得力量的真正祕訣為何？

A: 對力量的認知。因為無論我們意識到什麼事物，總是會體現在客觀世界中，繼而在有形世界化為實體。

Q2 這股力量的來源為何？

A: 宇宙心智，萬事萬物都是源於此處，且不可分割。

Q3 這股力量如何對外表現？

A: 由個體發揮，每個人都是一條通道。

Q4 我們如何與無所不能的力量連結？

A: 透過我們的思想。我們的思考能力讓我們影響這股宇宙能量；而我們的所想，都會在客觀世界中創造成形。

Q5 這個發現帶來了什麼結果？

A: 這個發現的結果堪比奇蹟，因為它開啟前所未有、無窮無盡的機會。

Q6 若此，我們如何消除不完美的境遇？

A: 自發自覺地意識到我們與所有力量之源具有一致性。

Q7 聖賢們與一般人相比，最大的差異為何？

A: 他們擁有偉大的思想。強大的信念足以抵消、摧毀所有微小、令人煩憂的障礙。

Q8 人生的經驗如何來到我們身邊？

A: 依循吸吸引力法則。

Q9 這法則如何運行？

A: 聽命我們的主導心態。

Q10 新、舊體制之間的爭議為何？

A: 對宇宙本質的信念不同。舊體制堅持「上帝揀選之人」的宿命論教條，但新體制卻認同個人的神聖性而提倡民主。

第22週

改造健康，從改變心態開始

我非常注重養身，
為何還是病痛不斷？
丟掉心中的負面想法吧！
建設性的正面思考
為你帶來健康。
普通人
心想事成
的幸運兒

來自「吸引力法則之父」的第22封信

在本週你會學到，思想是精神的種籽，一旦植入潛意識心智的土壤，就會發芽、茁壯。遺憾的是，結出的果實往往事與願違。

各式各樣的發炎症狀、麻痺癱瘓、神經過敏、疾厄病痛，一般都是恐懼、擔憂、掛念、焦慮、嫉妒、憎恨等負面思考所致。

生命系統由兩大獨立的體系支持：第一、吸收、利用必要的物質養分，以便構成細胞；第二、分解、排泄廢物。所有的生命都是奠基這些具有建設性和破壞性的活動運作，食物、水和空氣不過是構成細胞的必需品，這樣說起來，延年益壽似乎也不是難如登天的任務。

但奇怪的是，專門搞破壞的第二大體系卻可說是疾病的成因，幾無例外。體內各種廢物會慢慢堆積並滲入各處組織，然後引起自體中毒現象。這種結果有可能發生在局部，引起身體某個部位不適，也可能在全身發作，影響整體機能。

那麼，眼前的問題是，若想治癒疾厄病痛就得強化生命能量在全身上下流動與分布，唯一方法即是消除恐懼、擔憂、掛念、焦慮、嫉妒、憎恨等負面思考，因為它們損耗、摧毀我們神經和腺體，這些重要組織的職責正是排泄毒素、清除垃圾。

「營養食品和滋補品」實際上無法延年益壽，因為它們對生命而言不過是次要角色，生命的重要表現形式為何、如何獲得即是本週課程將要闡釋的重點。

靈性行動是一種振動頻率

知識是無價之寶，因為我們可以應用所學實現自己理想中的未來。一旦我們體認，自身當前的性格、境遇、力量以及健康狀況都是過去思維方式累積的結果，就可以真正領會知識的價值。

倘若我們的身心健康微恙，請自我檢討思維的方式。別忘了，每一個思想都會在心智烙下印記，每一個印象都是一顆種籽，會沉入潛意識的土壤中並形成某一種傾向，然後開始磁吸其他相似的想法，相伴成長茁壯，等到終有一天我們意識到它，屆時已可收割了。

倘若這些想法隱含疾厄因子，我們就會收割病痛、失敗、軟弱、頹廢。問題是，我們在思考什麼、我們在創造什麼、我們將會收穫什麼？

假使你有必要調整自己的健康狀況，視覺化想像的法則將對你裨益良多。請先描繪一幅體態完美的精神圖像，牢牢記在心上，直到你的自覺意識完全吸收消化。許多人採用這個方法在幾個星期內就治癒長期以來的慢性疾病，還有成千上萬人在幾天甚至幾十分鐘內就戰勝並消除各種惱人的小毛病。

這就是共振法則的作用，驅動我們的心智控制身體。我們知道，**靈性行動是一種振動頻率，也知道所有存在形式都是一種運動模式、一種振動頻率，因此，任何共振作用**

都會立即改變體內每一顆原子的活動狀態、影響每一顆生命細胞，並在細胞組織中引發一場全然的化學變化。

宇宙裡的萬事萬物可說是一種振動頻率，你只要改變這種振動頻率就能改變本質、特質和形態。自然界包羅萬象，無論是顯而易見或是隱不可見的景觀都在共振引起的永恆變革中持續演化，而既然思想也是一種共振，我們就得以善用這股力量，以敦促自己的身心狀況達到良好狀態。

我們所有人時時刻刻都在應用這股力量，糟糕的是，許多人渾然不覺，因而產出讓人不滿的結果。問題在於發揮智慧活用它，這樣才能產出令人心滿意足的結果。這一步應該不難，因為我們全都有豐富的經驗，足以知道如何讓身體產生愉快的共振，而且我們也知道，產生不悅感、不快感的起因為何。

必要之務就是向自身經驗請教。當我們的思想一貫維持崇高、進步、具有建設性、勇敢、高貴、善良或任何珍貴的特質時，就會啟動足以引發某一種積極結果的振動頻率。反之，我們的思想要是充滿羨慕、憤恨、嫉妒、批判或是其他成百成千的不和諧情緒時，理當會啟動另一種性質的振動頻率，招致惡劣的後果。不論每一種振動頻率，如果持續下去，都會在現實世界中具體成形；就前一種狀況而言，結果就是身心健康、道德完善；就後一種狀況來說，結果就是混亂、不和諧與疾病。

心智具有足以控制身體的力量

現在我們可以明白，心智具有足以控制身體的力量。

客觀心智肯定對身體產生影響，這一點不言自明。有人對你說了荒唐可笑的事情，讓你笑不可遏，甚至是笑到岔氣的地步，這便說明思想足以控制身體肌肉；也或者是有人對你說了一些感人肺腑的故事，引發你的同情心，熱淚盈眶，這也顯示思想控制體內腺體；再不然就是有人說話惹你理智斷線，氣得面紅耳赤，這更顯示思想也能控制血液循環。這些經驗都是客觀心智對身體發揮作用的例子，但在這些例子中，結果只是暫時性的，很快就會平息，恢復原樣。

且讓我們看看潛意識又是如何採取截然不同的方式控制我們的身體。假定你有一個傷口，體內會有成千上萬顆細胞立即採取醫療救治的行動，可能幾天或幾週就能完全癒合。甚至骨折也是一樣，現今技術還沒有任何外科手術可以幫你直接將骨頭接上（打上鋼釘或使用其他器械，好幫助骨骼復原或替代斷骨的方式不算），醫師做的是幫你把骨頭恢復原位，但之後潛意識就會立刻接手接合斷骨的程序，讓你的骨頭在短期內恢復得像以前一樣牢固。如果你誤食某一種毒物，潛意識心智會立刻發現危險，然後激烈地反抗排除毒素。如果你感染某種危險病毒，潛意識力量會即刻開始打造防禦牆，包圍受到感染的區域，然後驅動專門對付侵略者的白血球吞噬那些受到感染的細胞。

潛意識心智的運作過程通常不需個人的知識或指引，只要我們不曾擅自干涉，結果一定完美無缺。但是，由於這批修復損傷的百萬細胞大軍自有其智慧，而且隨時能回應我們的思想，我們一旦湧現恐懼、質疑、驚懼的想法，它們就會被癱瘓麻痺、無力失能。這批細胞大軍就像辛勤工人，隨時準備好執行重要任務，但每一次它們才一開始幹活，你就下令罷工或是突然改變計畫，最後反而會搞得它們灰心喪志，再也不想幹了。

通往身心健康的途徑建立在共振法則的基礎上，它是所有科學的基石，而且僅聽命我們稱為「內心世界」的心智，堪稱是一種個人的努力和實踐。我們的世界所擁有的力量源於內心，倘若我們腦子動得快，就不應該浪費時間與精神試圖和我們在「外在世界」找到的結果打交道，因為它們不過就是內在世界的反映。

如何依據自身渴望改變健康

在「內在世界」中，我們必能找到起因；若能改變因，就能改變果。

你體內的每一顆細胞自有智慧，而且聽從你的吩咐行動。這些細胞都是創造者，全都可以聽命你指定的圖樣創造精準的圖案。

由此可知，一旦主觀意識中呈現出完美圖像，那麼這些具有創造力的能量也會塑造出一具完美體魄。

腦細胞構成的方式也是如此。大腦性質受到心智狀態所掌管，如果讓人不悅的心智狀態進入主觀意識，它們就會接著將這種訊號傳遞全身上下。由此可知，倘若我們希望身心健康、強壯、充滿活力，我們的主導性思維必得涵蓋這些特質。

現在我們都知道，人體中的所有要素都歸因於振動頻率。

我們必知道，心智行動是一種振動頻率。

我們也知道，高頻的振動頻率掌理、修正、控制、改變或破壞低頻的振動頻率。

我們還知道，振動頻率受到大腦細胞的特性所支配。

最終，我們更知道，如何產生這些腦細胞。

因此，我們知道，如何依據自己的渴望改變我們的身心健康狀況。當我們對心靈力量的運作方式多少瞭解後，我們終將知道，自己可以不受限制地與無所不能的自然法則保持和諧一致。

越來越多人知道，心智影響掌控著身體，因此許多醫師現在都全力以赴鑽研這門領

你體內的每一顆細胞自有智慧，而且聽從你的吩咐行動。這些細胞都是創造者，全都可以聽命你指定的圖樣創造精準的圖案。

域。好比內科醫師艾佛瑞．T．修菲德（Dr. Alfred T. Shofield）便曾針對這主題出版好幾本重要著作，他說：「當今的醫學著作依舊普遍漠視心理療法。在我們的心理學領域也沒有用較正確的角度，討論掌管身體的主控力量，而駕馭身體的心智力量更是很少被提起。」

毫無疑問，許多醫師非常善於治療一些功能性的神經疾病，但我們的堅定主張是，他們所運用的方法完全是出自經驗和直覺，而非在校所學或是書本所習。事情本不該如此。各家醫學院完全應該慎重、具體並採取科學角度講授心理療法的力量。我們或許還可以就誤診的問題進一步深入探討，並闡述哪些環節遭到忽視，因而造成毀滅性的後果，但這項任務肯定會招來許多不滿。

毫無疑問，許多病人渾然不覺他們自己可以做些什麼事情自力救濟。病人可以為自己做什麼，以及究竟能夠引發什麼樣的力量，至今這一點尚不為人知。但我們相信，它們的作用肯定遠遠超乎想像，而且毋庸置疑將會越來越廣泛應用。透過心理療法，病人可以自行引導自己，藉由激發歡樂、希望、信念和愛的感覺；藉由暗示身體力行的動機；藉由規律的心理治療；或藉由轉移對疾病的注意力，使心靈平靜下來。

建設性的正面思想為你帶來健康。

本週，你又離宇宙眞理更近一步……

- 若想治癒疾厄病痛，唯一方法即是消除恐懼、擔憂、掛念、焦慮、嫉妒、憎恨等負面思考。
- 自身當前的性格、境遇、力量以及健康狀況都是過去思維方式累積的結果。
- 你體內的每一顆細胞自有智慧，而且聽從你的吩咐行動。這些細胞都是創造者，全都可以聽命你指定的圖樣創造精準的圖案。
- 倘若我們希望身心健康、強壯、充滿活力，我們的主導性思維必得涵蓋這些特質。

心靈力量啓動練習 22

本週，你的練習作業就是聚精會神思考英國桂冠詩人艾佛瑞．丁尼生（Alfred Tennyson）美麗的詩句：「向祂開口，因為祂聽你們；心靈與心靈在空中相遇；祂比手足更親密，祂離你比呼吸更近。」然後務請理解，當你「向祂開口」時，自己正伸手觸及宇宙全能的力量。

認知這無所不在的宇宙力量，將可以很快就摧毀各式各樣的疾病和苦痛，並改由和諧和完滿取代。請謹記，有些人似乎相信，疾病和苦難是上天加諸我們的困厄，若此，全天下的內科醫師、外科醫師與紅十字會的護理人員的工作豈不是違反天意，而且醫院與療養院也都是抗命據點而非慈善機構？當然，這些質疑很快就能歸因十分荒謬的結論，但竟然還是有許多人抱持這種觀念。

現在，你會更樂於承認，理想的個體是依據造物主的形象和樣式所造，你將會更樂於承認，萬事萬物源於心智，它形成、維護、維持、發起並創造所有存在的事物。

隨堂小複習

Q1 如何消除疾病？

A: 使我們自己與無所不能的自然法則協調一致。

Q2 這個程序是什麼？

A: 體認每個人都是一種靈性存在，這個靈性存在必定完美。

Q3 做到這一點之後，會帶來何種結果？

A: 自發自覺地認識這種完美性（先是知識，繼而是情感上的體認），就會使這種完美在有形世界化為實體。

Q4 （承上題）何以如此？

A: 因為思想屬於精神層次，因此具有創造性，而且它可以與客體對象產生連結，並使其化為實體。

Q5 哪一種自然法則在其間運作？

A: 共振法則。

Q6 為何說這種法則掌管一切？

A: 因為高頻的振動頻率掌理、修正、控制、改變或破壞低頻的振動頻率。

Q7 這種心靈療法系統是否廣獲普遍認可？

A: 確實是，在這個國家，共有數百萬人以不同形態在使用這套系統（顯然放大到全世界的話將看到更多）。

Q8 這套思想體系會帶來什麼結果？

A: 有史以來第一次，人類的最高論證推理能力可以藉由這種正在迅速融入世界的真理獲得滿足。

Q9 這套系統是否適用於其他供給形式？

A: 它將可滿足每個人的要求或需求。

Q10 這套系統是屬於科學層面還是宗教層面？

A: 兩者皆是。真實的科學和真實的宗教堪稱雙胞胎，彼此相隨。

訓練思想帶來的機遇無窮無盡，好處更是生生不息。

然而，鮮少有人願意下功夫導引自己的思想

進入獲益良多的正確管道，

而是任憑運氣擺布一切。

——《成功》雜誌創辦人奧里森·斯威特·馬登

（Orison Swett Marden）

第23週

富足意識的覺醒

我想變富有，但我越在乎金錢，似乎就越缺錢……
普通人
你必須要先付出，然後才能收穫。付出越多，收穫越多。
心想事成的幸運兒

來自「吸引力法則之父」的第23封信

很榮幸在此呈上第二十三週的課程，你會發現，金錢融入我們生存網絡的方方面面；成功法則便是助人為善；我們種豆得豆、種瓜得瓜；為此，我們理當作如是想：能給就是福。

我們已經知道，思想是成功事業背後的創造性活動，因此，我們所能提供的最有價值之物就是我們的思想。

創造性思維需要全神貫注，正如我們已知，全神貫注的力量就是所謂超人身上的武器。注意力可以培養專注力，專注力可以發展精神力量，精神力量則是一切現有力量中最強大的代表。

這是一門涵蓋所有科學的科學、一門凌駕一切藝術的藝術，與人類生活息息相關。若能精通這門科學、嫻熟這門藝術，就可擁有持續進步的機會。完美不可能是區區六天、六週甚至六個月就能達成的境界，它是畢生的課題，一如逆水行舟，不進則退。

你若是抱持積極、具有建設性的無私想法，必然得以獲益無窮。補償原則是宇宙的主旋律。大自然一貫持之以恆地尋求平衡，有進必有出，否則就會出現真空。

只要遵循這個法則，你在過程中付出的辛勞必定能夠獲得對等的益處。

助人為善是成功的第一法則

「財富意識」是一種心智態度，其敞開的大門通往事業。它是一種處於接收狀態的態度，渴望就是吸引的力量，讓財富加速流動；恐懼則是絆腳石，阻礙甚至逆轉財富的腳步，驅使它與我們漸行漸遠。

恐懼和財富意識剛好相反，它是窮困意識。由於「種豆得豆、種瓜得瓜」的法則恆久不變，要是我們感到恐懼，最終就會得到恐懼。金錢融入我們生存網絡的方方面面，聽命於最偉大的心靈、最出色的思想。

廣交朋友才能財源廣進，我們為朋友找錢路、助他們一臂之力並提供服務，這樣才能拓展朋友圈。**成功的第一法則就是助人為善，這立基於誠實正直之上。**心懷不軌的人根本就是無知之人，因為他完全不察所有互惠互換的基本原理，因此他也將一事無成，必然絕對是輸家；他自己可能渾然不覺，還自我感覺良好以為自己是贏家，但實際上早就注定要跌大跤，因為他騙不過「無限」。補償法則將會對他以眼還眼，以牙還牙。

生命力具有彈性，由我們的思想和理想結合而成，繼而被形塑為實體。我們的問題在於，能否保持開放心態，持續對外接觸新鮮事物、識別機遇，重視過程勝於達成目標，因為實踐過程中所經歷的快樂才是我們追尋的重點，不是最終得到的結果。

你可以把自己變成一塊吸金磁石，但你若想走到這一步，你必須先想想如何為他人謀取福利。倘若你具備必要的洞察力，足以感知、善用機遇與各種有利條件，還能體認價值所在，就可以讓自己站上有利的位置，但最終你的卓越成功都將來自有能力助人為善。一人得利，則眾人得利。

慷慨的思想滿溢力量和活力，自私的念頭則涵蓋毀滅的芽孢，最終必將瓦解、消逝。偉大的金融家都只是財富的配送管道，鉅額財富總是進進出出。妨礙財富出去，就如同妨礙財富進入一般，終將招致危險後果。收入和支出都必須保持暢通。同理適用於成功之道，只要我們能體悟「有捨才有得」的基本道理，就能創造重大成就。

假使我們體察全能力量就是一切供給之源，就能調整自己的意識，以便與無限供給保持一致。這種全能力量可以為我們帶來所需的一切，我們也會因此發現，付出越多，收穫就越多。在此，付出意指服務他人，即銀行家提供自身的金錢、商家供應自家的貨物、作者貢獻自己的思想、勞工付出自身的技能，所有人都有某些東西可以給予他人。只要他們付出越多，收穫就越多；一旦收穫越多，就越有能力付出更多。

「富者恆富」的道理

金融家得到大筆回報是因為他的付出與之相當；他會獨力思考，很少讓人代勞，他想知道如何獲取理想結果。一旦他明白了，他就會提供各種方式、手段為成千上萬人謀求利益。當別人成功，他也獲得相當比例的成功。銀行家約翰．皮爾龐特．摩根（John Pierpont Morgan）、約翰．D．洛克菲勒（John D. Rockefeller）與鋼鐵大王安德魯．卡內基都不是損他人之財、成就自我之利的代表；**正因為他們為他人掙錢，所以才能躋身全世界最富有國家的最富有商人之列**。

一般人不知道如何深入思考，都只會對他人的想法照單全收，然後有樣學樣，就和鸚鵡學舌沒什麼不同。這使我們瞭解形成輿論的方法：大多數群眾情願放棄自主思考的能力，任由少數群體為他們喉舌。這種群眾心態使得在全世界許多國家的少數人篡奪多數人的權利，因而造成少數欺壓多數人的局面。創造性思考需要專注力。

集中意念的力量稱為專注力，這股力量接受意識導引，為此，我們應該只聚焦在自己真正渴望的事物，拒絕關注或思考其他事物。許多人老是把重點放在悲傷、損失與各種不和諧的情狀，持續關注這些負面因素最終必將招致更多損失、痛苦和不安的狀況。難道不是這樣嗎？另一方面，一旦我們大獲成功、有所成就，或是置身任何心滿意足的

宇宙法則 32

慷慨的思想滿溢力量和活力，
自私的念頭則涵蓋毀滅的芽孢，最終必將瓦解、消逝。

境況，自然就會關注這類事情的結果，並因此創造更多成就和順心的機遇。這就是所謂「富者恆富」的道理。

關於瞭解這個原則後，要如何實際運用在商業活動中，我的一個朋友下了一段非常精闢的見解：

「精神無論它為何物，我們都必須視它為意識的本質、心智的實質和思想的堅實根基。所有想法都是由意識、精神、思想活動所產生，因此唯有置身精神當中，才能找到終極現實、真實事物或是真實的理念。」

你若能體認上述說法，是否會覺得，真正領悟精神以及它的表現法則，才是一個「腳踏實地」的人所能追尋最「腳踏實地」的目標？倘若一個「腳踏實地」的人能夠體認這個道理，他們必定會爭相投入去獲得有關精神事物和法則的知識。這些人又不是傻子，他們只需掌握這個基本事實就能踏上通往一切成就的必經之路。

一個成功人士運用宇宙心智的真實案例

且讓我分享一個具體事例。我認識一個芝加哥人，在我看來，他就是徹頭徹尾的唯物主義者。他的人生經歷過幾次成功與失敗。最近一次我們交談時，和以前的事業狀況相比，他事實上正處於「窮途潦倒」的境地，看起來就好像是他真的已經走到一種「山窮水盡」的地步，因為他已屆中年，沒辦法像年輕時候一樣動動腦筋就能快速想出賺錢妙計。

以下是他對我說的話，僅摘要大意：「我知道，商業上一切可行的方法都是想法產出的結果，就連傻瓜都知道這一點。不過，要是這套『唯精神論』的教育方式正確的話，那不是應該每個人都可以『直達天聽』，和無限心智接軌；在這個無限心智裡，應該要有各式各樣深具潛力的好點子，對像我這樣充滿勇氣、見多識廣的人來說，肯定能將這些想法在商界付諸實踐，一舉成功。聽起來很不賴，我得研究研究。」

這是幾年前的對話。有一天，我再度耳聞這位仁兄的近況。我和一名朋友正在閒聊，我說：「我們的老朋友某某人現在過得如何？真的有東山再起嗎？」對方一臉驚訝地盯著我看：「怎麼著？」他說：「難道你不知道某某人現在飛黃騰達嗎？他現在可是當紅『○○企業』（對方提到的企業在過去一年半掀起一股旋風，因此現在名滿天下，主要是它的廣告已經紅遍國內外了）的大紅人呢！他就是那個想出『黃金點子』的操盤手啊。說起來啊，他已經賺了五十萬美元的盈餘，很快就要衝破百萬大關了。而且前後只花一年半而已。」我這幾年一直沒有再與某某人聯絡，但知道這家企業確實做得風生水起。我調查後得知，這段峰迴路轉的發展都是真實事跡，絲毫沒有誇張的成分。

現在，你怎麼想？對我來說，這個例子說明，某某人確實做到「直達天聽」，與無限心智接軌，而且他不僅找到這股精神，也使力讓它為自己效勞，也就是「應用在自己的事業上」。

這套說法聽起來帶有褻瀆神明或大不敬的意味嗎？我希望你不會這麼想，至少我並沒有這個意思。如果把「宇宙心智」的既定概念中，那些關於「人格」的隱喻或誇大的人性部分拿掉，你就會只留下無限力量的概念，去領悟無限存在的力量，並認識其間的精髓就是自覺意識；事實上，追根究柢，我們討論的重點就是這種精神。某某人的成功也可以視為親身體現這種精神；正因為他與自己的創造本源及力量之源和諧一致，因此他才能以自身之力體現這種無限的能量。這套說法絕對沒有任何不敬之意。我們人人皆然，都可以依循創造性思想的指引發揮我們的精神。前面提到的某某人則運用得更多一些，他採用一種非常「腳踏實地」的做法活用這個力量。

雖然我一開始確實想要提供這位男士意見，建議他應該採取哪些步驟做法，但我最後沒有這麼做。然而，他不僅從無限供給中擷取自己所需的理念，這一步為他埋下日後的成功種籽；更能善用思想的創造力，依據自己期望中在客觀世界的展現的形式，打造一套理想模式。並且時不時的填補、變化、改良其中細節，終至把這套理想模式從粗略的整體輪廓雕琢成精美的成果。我判斷實情應為如此，但我的根據當然不是單靠回憶多年前的一場對話，而是從眾多卓越人士身上歸納出的共同特點，他們都體現同樣的創造性思考。

或許還是有人不相信，利用無窮力量會對物質世界的工作有所助益，但務必謹記，就算你只是有那麼一丁點反對無限，你希望的結果也絕對不會發生。無限自有取捨之道。「精神性」相當的「實在」、非常「實在」、極度「實在」；它告訴我們，精神是貨真價實的完美存在，而物質不過就是具有可塑性的素材，精神具備創造、塑造、控制與改變物質的能力，使物質聽命精神的意志。精神性可說是全天下最「腳踏實地」的事物，因為它是唯一真正實在，而也絕對「實在」的事物！

領悟精神法則，是最腳踏實地的成功方法！

本週，你又離宇宙真理更近一步……

- 思想是成功事業背後的創造性活動，因此，我們所能提供的最有價值之物就是我們的思想。
- 只要我們能體悟「有捨才有得」的基本道理，就能創造重大成就。
- 慷慨的思想滿溢力量和活力，自私的念頭則涵蓋毀滅的芽孢，最終必將瓦解、消逝。
- 我們應該只聚焦在自己真正渴望的事物，拒絕關注或思考其他事物。
- 利用無窮力量會對物質世界的工作有所助益，但即便你只是有那麼一丁點反對無限，你希望的結果將不會發生。

心靈力量啓動練習 23

本週，請聚焦在這個事實：「每個人都不是一具僅僅附帶精神的軀體，而是一種擁有軀殼的精神。」因此，人的渴望唯有先發揮精神才得以獲取永久滿足。金錢為我們帶來長久渴望的境遇，但除此以外別無其他價值。這種境遇應該具有一種和諧氛圍，會帶來應有盡有的供給。因此，倘若我們看到窮困匱乏現象，就應該意識到，金錢的中心思想在於服務他人，只要這思想具體成形，供給的管道就會豁然暢通，屆時你將可以滿心歡喜地體認到，精神方法完全行之有效。

隨堂小複習

Q1 成功的第一法則為何？

A: 服務。

Q2 我們如何提供最多服務？

A: 敞開心胸；重視過程勝於達成目標；重視追尋的過程而非最終的結果。

Q3 自私思想的結果為何？

A: 它將蘊含毀滅的芽孢。

Q4 我們將如何取得最大成功？

A: 體認這項事實：付出與收穫同等重要。

Q5 為什麼金融家多半能夠大獲成功？

A: 因為他們獨力思考。

Q6 為什麼每個國家絕大多數民眾到現在顯然都還是自願成為少數人任意利用的溫馴工具？

A: 因為他們任由少數人代位思考。

Q7 專注於悲傷和損失有何影響？

A: 更多悲傷和更多損失。

Q8 專注收穫有何影響？

A: 更多收穫。

Q9 這原則是否適用商業世界？

A: 它是唯一適用的原則。即使有些人可能是在無意間運用了它，仍不影響這個事實。

Q10 如何實際運用這原則？

A: 成功是後果，不是起因，如果我們希望確保得到後果，就必須先找到能產生想要的後果的原因、概念或想法。

第24週

相信自己，YES, I Can！

我覺得自己總是處處受限，
為什麼會這樣？
只要理解宇宙法則的真理，
你就能從種種限制脫身，
獲得真正的自由。
普通人
心想事成
的幸運兒

來自「吸引力法則之父」的第24封信

隨函附上第二十四週的課程，也是這套課程的最後一堂課。

如果你聽從建議，每天花幾分鐘練習每一堂課，你就會發現，當你將所思、所想的一切融入生活中，真的就可以心想事成；而且你也會同意一名學員所說：「思想幾乎所向披靡，它是如此浩大、真切、明確、合情合理、可行可用。」

這顆知識結成的果實正是上天恩賜。正是這個「真理」使人獲得自由，不只是從匱乏、局限情境中獲得解脫，更是從悲傷、憂懼與掛念中解放出來。一旦你明白這法則不會因人而異，而且過往的思維習慣、走過的路也沒有任何影響，難道不會連連稱道真是太神奇了嗎？

如果你傾心宗教信仰，這位舉世皆知最偉大的宗教導師已經為你鋪平道路，所有人都可以踏上這條坦途；如果你的心智偏好物理科學，這法則也具備數學的準確性運行；如果你醉心哲學，可以拜柏拉圖或愛默生為師。但無論選擇哪一位，終究你都可以伸手觸及這一股無限力量。

我相信，充分理解這法則正是古代鍊金術士長久追尋卻不得其門而入的祕密所在，因為它才能充分解釋，如何使頭腦中的黃金化為心中、手中的真金。

思考真理就是將真理化育成形

當科學家第一次把太陽當作太陽系的中心點，讓地球繞著太陽旋轉，全天下的人都目瞪口呆、驚駭不已。這一整個以太陽為中心的概念分明就是謬論，畢竟沒有比太陽劃過天空更讓人確信的事實，而且任何人也都看得到，太陽西落，沉入大海。古代的學者暴怒、科學權威唾棄這個新觀點，然而事實證明一切，最終所有人都心服口服。

我們定義鈴鐺為「發出響聲的物體」，但我們也知道，它之所以能發出響聲是因為共振周遭的空氣，當振動頻率達到每秒十六次，我們就能聽到聲音；振動頻率達到每秒三萬八千次，我們的心智就能感受到共振。當振動次數超過這個頻率，一切就會歸於寂靜，由此可知，響聲並非鈴鐺產生，而是我們的心智。

我們稱呼、相信太陽是「發光的物體」，但其實我們知道，太陽不過是藉由乙太這種介質以每秒四百兆的共振頻率傳遞能量，這種形式的能量即為「光波」。這樣一來我們就知道，所謂的光就只是一種能量形式，僅僅是因為光波產生共振，讓我們的心智產生一種感覺。一旦共振的頻率增加，光的色彩就隨之變化，這些變化源於共振頻率增加或減少所致。由此可知，雖然我們會說，玫瑰是紅色、青草是綠色，或者天空是藍色，但其實我們知道，這些顏色單單存在我們心智中，不過就只是光波共振讓我們體會到的某種感受。當振動的頻率降至每秒四百兆以下，光就不再是光，我們感受到的是熱能。

因此很顯然的是，我們不能單單倚賴感官的證據認知具體實物，如果我們堅持這麼做，那就應該會相信太陽繞著地球旋轉；地球是平的、不是圓的；星辰不是超大恆星，而是微弱光點。

形而上學的一切理論和實務，都是為了讓你瞭解自身，以及你生存其中的整體世界的真理；明白和諧的思想才能帶來和諧的生命；你得先想到健康，才能得到健康；先想到富足，才能得到富足；你若想做到這一切，絕不能單單依賴感官提供的證據。

當你真正明白，每一種疾厄、病痛、匱乏與局限都只是錯誤思維的結果，才會真正領悟「真理得以使你自由」，相信愚公移山實為可能。倘若眼前的高山盡是懷疑、恐懼、不信任，或是其他令人氣餒的形式所堆積而成，你理應知道，它們不過就是虛假幻影，不僅應該被移除，更應該「拋入海中」。

你的真正任務就是確實感知這些事實。倘若你已經辦到，就能毫無阻礙地思考真理。當你在思考真理的過程中，真理會使自身化育成形。

那些採用心理療法治癒疾病的人其實都明白這個道理，並在自己及他人的日常生活中親身實踐。他們知道，生命、健康和富足無處不在、盈滿天地之間；但那些放任疾病、匱乏等各種負面境遇纏身的人，到現在都一直不曾領悟這偉大的法則。

所有境遇都是思想的產物，因此全然屬於精神層面；疾病、匱乏都只是精神狀態，但當事人無法體察這真理。只要他們拋開錯誤認知，負面境遇也就隨之煙消雲散。

宇宙法則33

抛開錯誤認知的方法就是進入平靜狀態，在此尋求真理。

說服自己相信真理，渴望終將實現

抛開錯誤認知的方法就是進入平靜狀態，在此尋求真理。所有心智都源一處，你可以自求，也可以為他人求。假使你已經學會為你渴望的境遇繪製精神圖像，這就會是你確保成果最簡單、快捷的路徑；若你還沒學會，請展開自我辯論、完全說服自己確信自我主張的真理，這樣就能實現成果。

請記住，這是最難以掌握卻也最神奇的主張——**無論眼前有何困難、無論將在何處遭逢困難、無論誰可能受到影響，你唯一要應付的對象只有你自己；你唯一必須做的事就是說服自己相信真理，亦即，你渴望的結果終將實現。**

這是一句完全符合現行形而上學體系的科學主張，沒有任何永恆成果是採取其他方法產出的。

集中注意力、描繪精神圖像、論證和自我暗示都只不過是諸多你能夠實現真理的簡單方法。

假使你渴望幫助他人、打破匱乏、局限和謬誤，正確的做法不是一心想著你希望幫助的對象。你只要心存想助人一臂之力的善念就綽綽有餘，因為這個意識能讓你在精神上與對方契合。然後你驅趕自己心中的匱乏、局限、病痛、危險、困難或任何其他的煩惱。只要你能夠成功辦到，你希望實現的結果就能實現，而且你渴望幫助的對象就會得到自由。

但請記住，思想具有創造性，每當你的想法聚焦某些看起來不甚諧和的情境時，都要明白，這些情境都只是暫時表象，並非真實存在；唯一真實的存在就是精神，它永遠都完美無瑕。

所有思想都是一種能量形式、一種振動頻率，但是思考真理才是世人所知最高頻率的共振，因此足以消除謬誤，一如光明驅逐黑暗。一旦真理彰顯，任何謬誤都將遁逃無蹤。由此可知，你的這項精神任務就在於領會何謂真理。這項任務可以讓你克服各式各樣的匱乏、局限或疾病等。

我們領悟真理不可能向外緣木求魚，外在世界只是相對存在，真理卻是絕對存在。我們必須在「內在世界」尋求真理。

訓練自己的心智認識唯一真理，外在世界就會展現真理；從我們實現這個目標的能力，可以得知我們進步的狀況如何。

絕對純粹的真理就是，「我」代表完美與完整；真正的「我」屬於精神層次，因此絕對是完美無瑕。它不會匱乏、局限或患疾。**天才不是源自腦細胞的運動發達，而是受到自我激發，也就是與宇宙心智和諧一致的精神層次的「我」，這種精神的一致性才是所有靈感、一切天才的起源；而且最終成果會創造深遠的意義，影響未來的世世代代。**它們可說是熊熊火柱，照亮千百萬人循序前進的道路。

真理清楚明瞭、無可辯駁

真理不是邏輯訓練或研究實驗的結果，甚至也不是觀察所得的結論。它是自覺意識開發的產物。凱撒心中的真理彰顯他獨裁統治的欲望，並體現在他的生命、行動中，也體現在他促進社會進步、影響社會變革的過程中。你的生命、行動與對全世界的影響力都取決於你認知真理的程度，因為它不是在教條中體現，而是在行為中體現。

真理體現在性格中，每個人的性格應該就是本人對於宗教信仰，或是所有他稱為真理之事的詮釋，而且真理會繼而反過來體現在他所擁有的性格中。假使一個人老是開口就抱怨自己時運不濟，這樣他對自己是不公平的，因為他否定了真理，儘管真理是如此清楚明瞭、無可辯駁。

我們的環境及生活中數不清的境況、遭遇都是先存在於自己的潛意識，之後才顯現於外在世界；我們的潛意識人格會吸引符合自己性情的精神和物質原料。由此可知，我們的過去決定未來，所以，**如果我們的個人生活中有任何不公平處境或階段，首先就應該自我省察內心，試圖找出為我們招致這些外在結果的精神事實。**

正是真理能夠使你「自由」，能自覺地領悟到真理，可以讓你戰勝一切困難。

你在外在世界中所遭遇的境況都只是在反映你內在世界的境況，因此，你應該謹守心智所擁有的完美理想，就能在外在環境中遇見理想的機遇和條件。這一點禁得起科學的考驗。

如果，你總是只看到缺憾、不滿、比較、限制等諸多負面境遇，它們就越會在你的生命中不斷冒出來。但是，如果你願意訓練自己的心智看見、實現精神的自我，也就是永遠完美、完整、和諧的這個「我」，就能擁有有益身心健康的外部境遇。

思想具有創造性，真理又是最高境界、最完美無瑕的思想，而且屬於任何人，因此，思考真理就可以創造真實事物；當真理得以彰顯，謬誤必將退散，這一點同樣是極為明顯的事實。

宇宙心智是所有心智的匯聚。精神即心智，因為精神自有智慧，因此它們都是同義詞。心智並非個體存在，它無處不在，充盈各個角落。換句話說，沒有任何角落看不到它的蹤跡。也因此，它就是宇宙。

人們一向喜好使用「上帝」一詞代表宇宙的創造性法則，但「上帝」一詞並不能準確傳達真實的意義。多數人認為，「上帝」意指自身以外的某樣事物，但是事實截然相反。它就是我們的生命，如果沒有它，我們早已不復存在。當靈魂脫離軀殼的那一瞬間，我們就什麼都不是了，因此，精神是真實的存在，也是我們的全部。

現在，精神唯一的活動就是思考，因此，思考必定具有創造性，因為精神本身就具有創造性。這種創造力就是一股非人格的力量，**你的思考能力就是你控制、發揮這種創造力，以便造福自己與他人的能力。**

一旦你認識、理解並接受這個真理，就可以真正擁有一把「萬能金鑰」，不過請記住，唯有智者才足以理解、唯有心胸開闊的人才足以權衡證據、唯有意志堅定的人才足以依循自身的判斷，而且唯有強者才足以在必要時勇於犧牲。他們才夠格擁有並分享一切。

接受真理就等於擁有萬能金鑰。

本週，你又離宇宙真理更近一步……

- 當你將所思、所想的一切融入生活中，真的就可以心想事成。
- 「真理」使人獲得自由，不只是從匱乏、局限情境中獲得解脫，更是從悲傷、憂傷與掛念中解放出來。
- 每一種疾厄、病痛、匱乏與局限都只是錯誤思維的結果，只要拋開錯誤認知，負面境遇也就隨之煙消雲散。
- 謹守心智所擁有的完美理想，就能在外在環境中遇見理想的機遇和條件。

心靈力量啓動練習24

本週，請認識我們生活的這個世界，它千真萬確是一個美妙的世界，你本身也正是奇妙的存在，而且許多人正慢慢覺醒，想要認識真理；一旦他們徹底覺醒，體認到那些「為他們準備已久的事物」，他們也就會隨即明白那些「眼睛未曾看見，耳朵未曾聽見，人心也未曾想到的事情」（譯註：《聖經》哥林多前書 2：9），這般輝煌境界只為那些發現自己置身「天堂」的人存在。他們橫跨判斷之河，抵達明辨是非的彼岸，並因此發現，所有自己過往希望、夢想的一切都只不過是炫人表象下不起眼的觀念。

隨堂小複習

Q1 形而上學的理論和實踐依據什麼原則存在？

A: 依據認識自己與賴以為生的世界的「真理」。

Q2 關於你自己的「真理」為何？

A: 真實的「我」或自我屬於精神層面，因此永遠完美無瑕。

Q3 破壞任何形式的謬誤有何方法可消除？

A: 絕對説服自己相信「真理」，意即，你渴望的結果終將實現。

Q4 我們可以為別人服務嗎？

A: 宇宙心智是不可分割的整體；由此可知，幫助他人一如自助，這是確實可能的境界。

Q5 何謂宇宙心智？

A: 所有心智的匯聚。

Q6 宇宙心智位於何處？

A: 宇宙心智無所不在、充盈所有角落。沒有任何角落會看不到它的蹤跡。因此它存在我們心中；它就是「內在世界」；它就是我們的精神、我們的生命。

Q7 宇宙心智的本質為何？

A: 它屬於精神層面，因而具有創造性。它不斷透過有形實體展現自身。

Q8 我們如何依據宇宙心智採取行動？

A: 我們的思考能力就是促使宇宙心智採取行動的能力，而且當我們發揮這股能力，就能造福自己與他人。

Q9 何謂思考？

A: 清晰、果斷、冷靜、深思熟慮、具有明確目標的想法。

Q10 （承上題）結果如何？

A: 你會發現宇宙心智千真萬確住在你裡面。換句話説，你會發現《聖經》所提出的美好承諾都是事實，不是空談，而且任何充分理解其中真義的人都可以證明。

野人文化
讀者回函卡

書 名

姓 名　　　　　　　　　　　　□女 □男　年齡

地 址

電 話　　　　　　　　　　　　手機

Email

□同意 □不同意　收到野人文化新書電子報

學 歷 □國中(含以下) □高中職 □大專 □研究所以上

職 業 □生產/製造 □金融/商業 □傳播/廣告 □軍警/公務員 □教育/文化 □旅遊/運輸 □醫療/保健 □仲介/服務 □學生 □自由/家管 □其他

◆你從何處知道此書？

□書店：名稱 ______________ □網路：名稱 ______________

□量販店：名稱 ______________ □其他 ______________

◆你以何種方式購買本書？

□誠品書店 □誠品網路書店 □金石堂書店 □金石堂網路書店

□博客來網路書店 □其他 ______________

◆你的閱讀習慣：

□親子教養 □文學 □翻譯小說 □日文小說 □華文小說 □藝術設計

□人文社科 □自然科學 □商業理財 □宗教哲學 □心理勵志

□休閒生活（旅遊、瘦身、美容、園藝等） □手工藝／DIY □飲食／食譜

□健康養生 □兩性 □圖文書／漫畫 □其他 ________

◆你對本書的評價：（請填代號，1. 非常滿意 2. 滿意 3. 尚可 4. 待改進）

書名 _____ 封面設計 _____ 版面編排 _____ 印刷 _____ 內容 _____

整體評價 _____

◆你對本書的建議：

廣 告 回 函
板橋郵政管理局登記證
板橋廣字第143號

郵資已付 免貼郵票

野人

23141
新北市新店區民權路108-2號9樓
野人文化股份有限公司 收

請沿線撕下對折寄回

野人

書號：0NFL0190

心想事成的祕訣

人類史上最具影響力潛能開發課
只要你敢「想」，整個宇宙都會幫你達成心願！

一本勵志書，為何在美國被禁長達七十年？
因為，它道破了創富要訣！
一本成功書，為何能讓比爾．蓋茲棄學築夢？
因為，它解開了潛能密碼！
一本財富書，為何讓拿破崙．希爾心儀不已？
因為，它創造一個思想體系！

它就是《萬能金鑰》，一本被禁數十年的勵志奇書，一個被隱藏千百年的成功祕密。本書是「吸引力法則之父」查爾斯．哈尼爾窮盡畢生心力的著作，他認為個人的精神力量具有無限潛能，只要你領悟了宇宙的運作法則，就能開發這些潛能，獲得巨大成功。

《萬能金鑰》曾經是一本禁書，卻在矽谷菁英中私下傳抄，是有錢人絕不欲外傳的成功祕訣。本書內容包羅萬象，涉及創造力與行動、和諧與健康、愛與幸福……等諸多主題，構建一套在24週內即可循序漸進完整修習「吸引力法則」的致富圓夢體系，並立基科學理論，提供善用心靈力量的方法與實踐練習，你將學會如何開發無限潛能，財富、健康、成功盡握手中。

一週一個「心靈力量啟動練習」，
每週，你都朝宇宙真理更近一步……
24週後心想事成，晉升超級幸運兒！

本手冊的使用建議

本手冊內容主要分為三大部分：

- 24個「心靈力量啟動練習」
- 隨頁精選中英對照金句
- 誠實面對自我、對抗負面影響的「自我分析問卷」

第一部分以書中24個「心靈力量啟動練習」為主，輔以實用表格，以筆記頁形式呈現，幫助你記錄實踐的歷程與取得的成果。

第二部分是隨頁精選中英對照金句，經典雋永的智慧名言，能激勵你克服惰性，朝理想持續邁進。

第三部分的「自我分析問卷」幫助你更誠實地面對自我，帶給你智慧察覺周遭的「干擾」，勇敢向這些干擾說：「不！」

本手冊能幫助你習得超級幸運兒的思維模式，每週，你都朝宇宙真理更近一步，了悟你才是這宇宙真正的創造者，從此改變人生。

最終你會發現，它能讓你與宇宙的偉大心智連結，擷取其源源不絕的力量，建立和諧完滿的美妙人生，24週後心想事成，晉升超級幸運兒！你的一切付出，都將值回票價。

Week 01 身體維持靜止狀態

練習步驟

1. 擇定一處可以獨處、不受打擾的空間；
2. 落坐時請挺直腰桿，姿態輕鬆；
3. 讓你的身體維持在完全靜止的狀態15～30分鐘。連續練習三、四天甚至一星期，直到可以完全掌控自己的身體狀態為止。

內心世界可謂**因**，外在世界則謂**果**，
你若想改變**後果**，就得從**起因**下手。

The word within is the cause, the world without the effect;
to change the effect you must change the cause.

練習次數	1	2	3	4	5
完成	✓				

Week 02 / 清空思緒

練習步驟

1. 像上週練習那樣，身體進入完美靜止狀態；
2. 清空所有思緒，有助你控制並排除一切擔憂、恐懼和焦慮，還能懷抱自己真正的渴望。請持續練習，直到完全精熟掌握技巧為止。

人會被恐懼、焦慮、匱乏、疾病等各種「**惡**」支配，
都是因為潛意識被**錯誤暗示**影響，進而主宰我們的人生。

It is often true that the condition of fear, worry, poverty, Disease, inharmony and evils of all kinds dominate us by Reason of false suggestions accepted by the unguarded subconscious mind.

練習次數	1	2	3	4	5
完成	✓				

Week 03 放鬆練習

練習步驟

1. 讓身體靜止不動；
2. 盡全力阻隔所有的思緒；
3. 放鬆、完全放下，讓肌肉回到正常狀態。
4. 在心理上放鬆每一塊肌肉和每一條神經，直到自己感受到平靜、平和，能和平地與自己及這個世界相處。

★叮嚀小語：身體放鬆是意志的練習，這種練習對你大有裨益，因為它能讓血液在大腦和身體間暢行無阻。如果希望心靈遊刃有餘地運作，放鬆絕對有其必要。

你只需要為想達到的成果**設定相應的起因**，
就能根據自己的渴望**產出相符合的成果**。

It only requires recognition to set cause in motion which will bring about results in accordance with your desire.

練習次數	1	2	3	4	5
完成	✓				

Week 04 釋放負面情緒

練習步驟

1. 維持靜止的姿勢，徹底地放鬆自己；
2. 卸下所有緊張，釋出心裡所有負面情緒，好比憎恨、憤怒、焦慮、嫉妒、羨慕、悲傷、煩惱、失望……等。

★叮嚀小語：你必須徹底排除心中一切消極的負面想法才能成功，因爲負面思緒是不良種籽，會在心中孳生各種不協調的狀況。

想增強意志、認識自身力量以實現目標，

請反覆告訴自己：「**我可以成為我想成為的人。**」

One of the strongest affirmations which you can use for the purpose of strengthening the will and realizing your power to accomplish, is "I can be what I will to be."

練習次數	1	2	3	4	5
完成	✓				

Week 05 描繪完美畫面

練習步驟

1. 坐在老位子上，保持和之前一樣的姿勢；
2. 在心中想像一個會讓你感到喜悅的舒適宜人之處。
3. 描繪一幅完美的畫面，在心中清楚地看見那些建築大樓、大地、茂盛樹林、知己好友、親友熟人等。

★叮嚀小語：一開始你會發現，自己什麼雞毛蒜皮的小事都想到了，就是看不到眞正想要聚精會神看到的場景。千萬別灰心，堅持不懈天天練習，你終能贏得最後的勝利。

今日的我們是昨日思考的產物，
而明日的我們則是今日思考的結晶。

We are today the result of our past thinking,
and we shall be what we are thinking today.

練習次數	1	2	3	4	5
完成	✓				

畫出你心中的完美景象

Week 06 培養專注力❶

練習步驟

1. 帶著一張人像照片，然後進入平時使用的空間；
2. 以同樣姿勢坐在同一張椅子上；
3. 定睛凝視這張照片至少十分鐘，留意照片中人物眼神流露的情緒、臉部特徵、衣著打扮、頭髮造型等，仔細檢視照片中的每一個細節。
4. 遮住照片，閉上雙眼，試著在腦中回想這張照片。

★叮嚀小語：藉由這個練習，你將學會控制情緒、心態度和意識。

你的信念有多強大，力量就有多強大。

As thy faith is, so be it unto thee.

練習次數	1	2	3	4	5
完成	✓				

Week 07 視覺化想像練習❶

練習步驟

1. 在腦中視覺化一位朋友；
2. 清楚地看到上一次你與他碰面的狀況——不僅是他的模樣，也要看到房間、家具，還要能想起你們雙方的對話。
3. 現在請正視他的臉，仔細清楚地觀察，然後挑揀一個雙方有共同興趣的話題展開交談，看看他的臉部表情如何變化，觀察他展顏微笑。
4. 現在你開始設法激發他的興趣，告訴他一則冒險故事，看著他的雙眼閃閃發亮，閃爍著興奮開心的光芒。

本週練習中，你視覺化想像的朋友是：＿＿＿＿＿＿＿＿＿＿

無論你希望打造出什麼成果，必得奠基於**藍圖**。
理想必須**實際堅定**、經得起考驗。

It is the plan on which you are going to build.
It must be solid; It must be permanent.

練習次數	1	2	3	4	5
完成	✓				

Week 08 / 鍛鍊思考力

練習步驟

1. 具體想像一艘戰艦，想像它浮在水面上的模樣。
2. 看到船體巨大的鋼板，讓你想起鑄造廠，想像廠內景象。
3. 現在你的思緒返回戰艦最初還只是看不見、摸不著的形態中，它還僅存在工程師的腦海中。
4. 想想看，打造這艘戰艦的指令究竟發自何處？
5. 進入分析的最後層次，你會發現：我們自身的想法就是這艘戰艦以及其他諸多事物的起因。

★叮嚀小語：一旦我們的思想能夠看穿事物表象，一切就會與先前印象截然不同，原本瑣碎無比的事物變得寓意深遠，索然無趣的事件也會變得興味盎然。

任何無法為你帶來明確益處的事物都會試圖闖進你的心靈，
請務必拒它們於外。

Learn to keep the door shut, keep out of your mind.
Every element that seeks admittance with no definite end in view.

練習次數	1	2	3	4	5
完成	✓				

Week 09 視覺化想像練習❷

練習步驟

1. 想像一朵你最喜愛的鮮花，引導它由隱不可見到清晰可見。
2. 將這顆小小的種籽種在土裡，澆灌它，細心照料它，然後將它放在陽光直射之處，觀察這顆小種籽萌芽成長。
3. 看看它的根正向下延伸至土中；看看它的芽正在奮力對外伸展。
4. 也請記得不斷分裂再分裂的生命細胞，它們很快就會暴增至幾千、幾百萬顆。
5. 看看它的綠葉向上、向前生長；看看它用力突破泥土表面；看看它分裂後形成分枝，而且每一枝都形成完美對稱的結構；看看它的葉子如何形成，然後抽出細微的莖桿，上頭都高舉一顆芽孢。
6. 當你看得目不轉睛時，花蕾慢慢舒展開來，你最喜愛的花朵就此綻放在眼前。
7. 現在請聚精會神，你將會隱約聞到一股芳香氣味，那是花朵隨著微風輕輕搖曳散發的芳香，正是你的視覺化想像的過程產出的美麗創作。

一旦你可以讓視界變得清晰明朗，
就能深入事物的本質，
你所想像的事物將會變得異常真實。
你將學會集中心神，
所有的成功都必須集中意念，
恆久定於看得見的目標，終而實現。

我是完整、完美、強健、有力、熱情、
和諧又快樂的人。

I am whole, perfect, strong, powerful, living, harmonious and happy.

練習次數	1	2	3	4	5
完成	✓				

Week 10 / 視覺化想像練習③

練習步驟

1. 坐在你平常做練習的位置；
2. 挑選牆上一處空白或是任何方便的區塊；
3. 在心中冥想你正在牆壁上畫出一條大約十五公分的黑色橫線；
4. 想像你在橫線兩端畫出兩條垂直線，然後再畫一條橫線連接兩端。這樣你就得到一個正方形。
5. 在正方形內部畫出一個圓。
6. 在圓心處畫一個點，然後用意念將它移到眼前大約二十五公分處。現在，你得到一個墊在正方形上的圓錐體。
7. 你的圓錐體原本是墨黑色；試著把它變成白色，然後紅色，再來黃色。如果你能辦到，很快就能夠做到聚焦思考各種問題了。

一切財富都是「**力量**」的產物，
萬事萬物唯有獲予力量才有**價值**。

All wealth is the offspring of power,
Possessions are of value only as they confer power.

練習次數	1	2	3	4	5
完成	✓				

Week 11/

思考「信念」的意義

練習內容

細細體悟這句《聖經》中的智慧語錄：

「凡你們禱告祈求的，無論是什麼，只要信是得著的，就必得著。」

信念不是若隱若現的陰影，而是真切的實際存在，唯一限制自身能力的元素，就是我們是否有能力掌握思想、把握機會、應對一切情況。因為，「信是對所盼望的事有把握，對看不見的事有確據。」

當你要開始運用**吸引力法則**時請務必記住，
當下你正在啟動**一長串的因果關係鏈**。

When you put the law of attraction into operation
You must remember that you are staring a tain of causation for good or otherwise which may have endless possibilities.

練習次數	1	2	3	4	5
完成	✓				

Week 12 和宇宙力量連結

練習步驟

1. 前往同一空間，端坐同一張椅子上，保持一貫的姿勢。
2. 放鬆，讓神經和肌肉保持放鬆狀態，讓自己感覺舒適。
3. 意識到自己與全能的力量和諧一致，然後與這股力量建立聯繫，並深刻領悟、理解、感知這個事實：

你的思考力就是你作用於宇宙心智並使它化為實體的能力；請體認到它有能力滿足你所有的要求；請明白你與任何人已經擁有或可能擁有的潛力完全一模一樣，因為任何個體都只不過是宇宙整體的彰顯或體現，全都是整體的組成部分，在型態和特質上並無不同，唯一差異僅僅是程度有別而已。

你會在一片寂靜中與**潛意識**那無所不能的力量建立聯繫，一切力量都是源於「**靜**」的狀態。

It is in the Silence that you get into touch with the Omnipotent Power of the subconscious mind from which all power is evolved.

練習次數	1	2	3	4	5
完成	✓				

Week 13 體認宇宙的偉大原理

練習步驟

1. 認知「自己是整體的一部分」
2. 這個一部分和整體在本質、屬性都一模一樣，唯一可能的差異是程度有別。
3. 真正地開始認識自己：「我」就是會思考的心靈，造物者給予你的一切與祂本身所擁有的一切毫無不同之處。然後你會開始體悟，所有美好、宏偉、神奇的機遇都聽命於你。

思想會帶給我們與主導心態**步調一致**的際遇。

Thought will bring about conditions in correspondence with the predominant mental attitude.

練習次數	1	2	3	4	5
完成	✓				

Week 14 / 專注在「和諧」

練習內容

全心全意、集中所有注意力在「和諧」上，直到心中別無他物。

進行這項練習時，你有什麼感覺，將感想寫下來：

思想必須明晰、穩健、堅定、確實，**不容變更**。

The thought must be clear cut, steady, fixed, definite, unchangeable.

練習次數	1	2	3	4	5
完成	✓				

Week 15 提升洞察力

練習步驟

1. 依照慣例坐在老位置上，
2. 集中思緒思考以下事實——

「認識思想的創造力並不代表掌握思維的藝術。」

「知識無法應用其本身。」

「我們的行動並非接受知識指揮，而是受積習、流俗和先例所掌控。」

「我們唯有立下堅定的決心，才能讓自己去應用所得到的知識。」

3. 提醒自己——

「用不到的知識就無法留在心智。」

「資訊的價值在於妥善的應用。」

文字語言就是**思維**，是一種隱不可見、攻無不克的力量，
同樣會依其樣貌，在有形世界中化為**實體**。

Words are thoughts and are therefore an invisible and invincible
Power which will finally objectify themselves
in the form they are given.

練習次數	1	2	3	4	5
完成	✓				

Week 16

心靈洗禮

練習內容

請細細品味這段文字——

和諧與幸福是一種自覺意識的狀態，
並非由擁有物質來決定。
唯有塑造良好精神狀態，
才能收割在這種心境下生成的果實。

假若我們渴望得到物質財富，
首要關注的目標是可以為我們帶來豐碩結果的良好心態。
唯有充分理解我們的精神本質，
並與身為萬物之源的宇宙心智合而為一。
「真理」會將我們從各式各樣的匱乏和局限中「解放」出來。

不要將財富視為你的最終**目的**，
而是應該將它看成是達到目的的**方法**。

Wealth should then never bl desired as an end,
but simply as a means of accomplishing an end.

練習次數	1	2	3	4	5
完成	✓				

Week 17 / 培養專注力❷

練習步驟

1. 請徹頭徹尾放輕鬆。請謹記，力量源於放鬆。
2. 請讓思想圍繞著目標輕柔擺盪，直到與它完全合而為一、直到你渾然不察周遭事物。

如果你希望消除恐懼，就請聚焦勇氣。

如果你希望消除匱乏，就請聚焦富足。

如果你希望消除疾病，就請聚焦健康。

★叮嚀小語：永遠專注在最理想的狀態，如同它已經實現了那般。這樣的思想就像是一顆生殖細胞，是誘發起因，並促成行動的生命原則；一旦這些起因開始運作，就會建立各種必要的連結，使你的目標轉化爲實體。

所有心智層面的發現與成就都源於**熱切的渴望**，再加上**專注**所致。

All mental discovery and attainment are the result of desire plus concentration.

練習次數	1	2	3	4	5
完成	✓				

Week 18 / 聚焦創造力

練習步驟

請聚焦在自己的創造力，從探索自身具備的洞察力和感知能力做起；嘗試為心中的信念找到相對的邏輯基礎。

1. **仔細思考這個事實——**

   人的肉身生存、行動在空氣之中，必須依賴維持有機生命的物質，因此我們必須呼吸空氣。

2. **接下來，帶領思想沉浸在另一個事實——**

   人的精神生存、行動，也同樣必須吸收一種更微妙的能量才得以存續。在真實自然界中，如果沒有播下種籽，就不會有新生命開花結果，產出的果實也絕對不會比母體的植物來得更優秀。

   精神世界中的運作之道也是同理，唯有播下種籽才能結出果實，而且果實本身的優劣取決於種籽本質的良窳。

你的一切境遇都取決於
你領悟因果循環法則的程度，
這一領域可說是人類意識的最高境界。

思想是一種借助吸引力法則運行的能量，
最終體現在客觀世界的富裕充足。

Thought is the energy which the law of attraction is brought into operation, which eventually manifests in abundance.

練習次數	1	2	3	4	5
完成	✓				

Week 19 集中心念

練習內容

「集中心念」這四個字，意指字面上的意思，即身、心、靈完全沉浸在思維目標，以至於渾然忘我，不察周遭。且讓思想停駐在這個事實——

所有表象皆虛無；地球不是平的，也不是靜止不動；天空不是一顆圓頂半球，太陽其實靜如泰山，星辰並非僅發出微弱光芒，物質也不如我們所想那般恆定不變，甚至它其實一直都是處於恆動狀態。

此刻正是破曉時分，這一天很快就會來到，屆時我們將會明白越來越多永恆運行的宇宙原理，所有思想、行為模式都會據此自我調整。

物質本身沒有原法則可言，

心智是唯一法則。

Matters has no principle;
Mind is the only principle.

練習次數	1	2	3	4	5
完成	✓				

Week 20／進入「靜」的狀態

練習內容

專注於這個事實——

「我們活在祂裡面、存在於祂裡面，也在祂裡面行動。」

這句話分毫不差、經得起科學檢驗！因為有祂，你得以是你；如果祂是無所不在的，那祂肯定就在你裡面；如果祂存在於萬有，那你肯定就在祂裡面！如果祂是所謂的精神，你就是依照「祂的形象和樣式」所造，你的精神和祂的精神唯一不同之處僅在於程度有別，因為你是祂的其中一部分，在特性上必然與整體完全一致。

一旦你清楚理解這一點，就會發現思想創造力背後的祕密，發現一切善惡的源頭，瞭解專注的偉大力量奧祕所在，還會發現解決所有問題的關鍵，不管是健康、財務還是環境層面的問題。

獲得精神力量的唯一條件就是善用它、認識它。

The one and only condition of spiritual power
Is use or recognition.

練習次數	1	2	3	4	5
完成	✓				

Week 21 思考真理

練習內容

真理會帶給你自由，也就是說，當你學會善用正確的科學方法與精神法則，就會發現自己在邁向成功的道路上，沒有任何事情可以成為永遠的障礙。

你得明白，你正在利用內在心靈的力量具體化外部環境；你也得知道，平靜提供你無窮無盡的機會，喚醒你對真理的最高認識。

試著理解，全能力量本身就是絕對的平靜，其他一切都是變、動與局限。因此，當你集中心念進入平靜之境，才是探索、召喚，進而表現內在世界非凡潛力的唯一正道。

每個想法都會在大腦烙下**印記**，這些印記會創造**心靈傾向**，所有的傾向會創造性格、能力和意圖。

Every thought creates an impression on the brain,
that these impression create mental tendencies,
and these tendencies create character, ability and purpose.

練習次數	1	2	3	4	5
完成	✓				

Week 22 「向祂開口」

練習內容

聚精會神思考英國桂冠詩人艾佛瑞·丁尼生（Alfred Tennyson）的詩句：

向祂開口，因為祂聽你們；心靈與心靈在空中相遇；
祂比手足更親密，祂離你比呼吸更近。

當你「向祂開口」時，自己正伸手觸及宇宙全能的力量。認知這無所不在的宇宙力量，將可以很快就摧毀各式各樣的疾病和苦痛，並改由和諧和完滿取代。此刻，你會更樂於承認，理想的個體是依據造物主的形象和樣式所造，你將會更樂於承認，萬事萬物源於心智，它形成、維護、維持、發起並創造所有存在的事物。

你體內的每一顆細胞自有智慧，
而且**聽從你的吩咐**行動。

Every cell in your body is intelligent
And will respond to your direction.

練習次數	1	2	3	4	5
完成	✓				

Week 23 認識富足意識

練習內容

請聚焦在這個事實——

每個人都不是一具僅僅附帶精神的軀體，而是一種擁有軀殼的精神。因此，人的渴望唯有先發揮精神才得以獲取永久滿足。

金錢為我們帶來長久渴望的境遇，但除此以外別無其他價值。這種境遇應該具有一種和諧氛圍，會帶來應有盡有的供給。

因此，倘若我們看到窮困匱乏的現象，就應該意識到，金錢的中心思想在於服務人，只要這思想具體成形，供給的管道就會豁然暢通，屆時你將可以滿心歡喜地體認到，精神方法完全行之有效。

慷慨的思想滿溢力量和活力，
自私的念頭則涵蓋毀滅的芽孢，最終必將瓦解、消逝。

A generous thought is filled with strength and vitality,
A selfish thought contains the germs of dissolution;
It will disintegrate and pass away.

練習次數	1	2	3	4	5
完成	✓				

Week 24

認識我們生活的世界

練習內容

請認識以下的事實——

我們生活的世界千真萬確是一個美妙的世界，你本身也正是奇妙的存在，而且許多人正慢慢覺醒，意想認識真理；一旦他們徹底覺醒，體認到那些「為他們準備已久的事物」，他們也就會隨即明白那些「眼睛未曾看見，耳朵未曾聽見，人心也未曾想到的事情」，這般輝煌境界只為那些發現自己置身「天堂」的人存在。

他們橫跨判斷之河，抵達明辨是非的彼岸，並因此發現，所有自己過往希望、夢想的一切都只不過是炫人表象下不起眼的觀念

抛開錯誤認知的方法就是進入**平靜狀態**，
在此尋求**真理**。

The method of removing this error is to go into the Silence and Know the Truth.

練習次數	1	2	3	4	5
完成	✓				

誠實面對自我、對抗負面影響的「成果評估問卷」

☐ ❶你覺得自己是個幸運的人嗎？

☐ ❷你是否經常覺得恐懼、焦慮、匱乏？

☐ ❸想像成功或失敗，兩者中你在哪一項花最多時間？

☐ ❹你年紀越大越有自信還是越沒有自信？

☐ ❺負面或打擊信心的影響原可避免，你會容許它們煩擾你嗎？

☐ ❻你是否覺得自己思考做決定很麻煩，常放任他人代位思考？

☐ ❼你是否無視心靈淨化，直到自我中毒太深，動不動就發脾氣、大暴走？

☐ ❽有多少原可預防的干擾讓你煩憂？

☐ ❾是否有人不停在耳邊「碎念」你，若是，原因何在？

☐ ❿你是否定下明確的重要目標，若是，內容為何？你又為此擬定什麼樣的計畫？

☐ ⓫你是否能想到對策，好讓自己免於他人的負面影響之苦？

☐ ⓬你是否刻意採用自我暗示手法，激發積極心態？

☐ ⓭你最看重什麼事，是物質財富或控制自身想法的能力？

☐ ⓮他人很容易影響你、推翻你的自主判斷嗎？

☐ ⓯今天你有提升自己的知識寶庫或心態嗎？

☐ ⓰當你遭遇不幸局面時，會勇敢挺身面對或是逃避責任？

☐ ⓱你會從日常經歷挑選出有益自身成長的教訓或影響嗎？

☐ ⓲大體而言，你的存在是否會帶給他人負面影響？

□ ⓳你是否擁有明確的願景，你能夠在心中對這幅景象進行視覺化想象嗎？你能看到、聽到或聞到這景象中的細節嗎？

□ ⓴你是否意識到自己擁有強大的精神力量，足以使自己的心智遠離各式各樣的恐懼？

□ ㉑你是否覺得，為他人分憂解勞是自己的責任？為什麼？

□ ㉒如果你相信「物以類聚」？你從身邊志趣相投的朋友身上瞭解自己哪部分性格？

□ ㉓渴望有千百種，你最大的渴望是什麼？你打算實現它嗎？你願意把所有其他渴望都擺在它後面嗎？你每天花多少時間實現它？

如果你坦白回答所有問題，就會比大多數人更了解自己。務必詳實研究問題，未來數月每週都要定期回頭審視。若某些問題讓你不確定怎麼回答才對，請諮詢非常瞭解你的人，尤其是無需討好你的人，從他們的眼睛看清自己。這種體驗的效果會讓人喜出望外。

召喚幸運的魔法金句

我是完整、完美、強健、有力、熱情、和諧又快樂的人。

I am whole, perfect, strong, powerful, living, harmonious and happy.

每天清晨起床、晚上睡前，以及一有閒暇的時候，
試著大聲唸出以上句子，
你將發現這個句子不可思議的神奇力量。
只要你有需要，就能吸引周遭的人事物助你一臂之力，
你的自信增加了，臉上隨時掛著滿足的笑，
更不可思議的是，你的內在圓滿而和諧，
這種感覺簡直棒透了！